ビルマ　絶望の戦場

ビルマ 絶望の戦場

NHKスペシャル取材班

岩波書店

題字　竹中青琥

目次

序章　ビルマ戦　知られざる最後の一年……1
クーデター　厳戒下のミャンマー／ラングーン攻略からインパール作戦まで／太平洋戦争で最も無謀と言われたインパール作戦／インパール後のさらなる地獄　道徳的勇気の欠如

第1章　「インパール」後のさらなる地獄……19
ビルマの最後の一年に迫る「高木資料」／インパール作戦後の一年間／戦没者名簿から浮き彫りになるインパール後の「地獄」

第2章　大東亜共栄圏　同床異夢の大義……33
軍事クーデター後のミャンマーに入る／現地取材への模索／ビルマ国軍元少尉バティンさんとの出会い／ビルマの悲願　イギリス植民地支配から脱したい／独立運動のリーダー、アウンサン／アウンサンと南機関／日本軍統治下でのビルマ国防軍（BDA）の創設／ミャンマーの人々に刻まれた日本軍の記憶／強いられた「協力」

第3章　繰り返される無謀な戦い　イラワジ会戦……65
インパール後の作戦指導の中心人物　田中新一参謀長／イラワジ河で英軍を迎え撃つ強気の作戦／事態の変化に対応できない方面軍首脳／今も生々しく残る戦いの傷痕　メイティーラ／戦場となった村／英軍機による空爆／マンダレーヒルの激戦／戦場の実態を記録した齋藤博圀少尉の日誌／圧倒的戦力差と疲弊する兵士たち／忖度による敵戦力の過小評価　要衝メイクテーラ失陥／前線にみられる統制の欠如／従軍看護婦たちの証言／経理将校から斬込隊へ　齋藤少尉が見た惨状

第4章　軍上層部の〝道徳的勇気の欠如〟……115
イギリスに眠る膨大な資料／イギリス人語学将校が見た日本軍／日本軍上層部の尋問調書／イギリス軍司令官が指摘した日本軍の欠陥

第5章　日本かイギリスか　アウンサンの葛藤……129
アウンサンの失望　大東亜共栄圏の現実／日本軍に対する「革命」の始まり／水面下でのアウンサンの抗日活動／イギリス機密文書に

記された イギリスの思惑／櫻井徳太郎少将の日誌 ビルマ方面軍の皮算用／ビルマ国軍の蜂起／櫻井少将の苦悩／抗日一斉蜂起 ビルマ国軍元少尉の証言／若き日本軍将校の思い

第6章 危機迫るラングーン 司令部撤退の衝撃……159

イギリス軍、ラングーンに南下／ラングーンに残る戦争の痕跡／蘭貢高射砲隊・若井徳次少尉が残した史料／若井徳次少尉が見たラングーン「芸者と上級将校」／芸者の告白 萃香園の実態／ラングーン放棄の衝撃／撤退決断の司令官は〝東條の子飼い〟／大東亜共栄圏を支えた商社マンたち／商社日綿とビルマ／兵隊となった商社マンたちの悲劇／犠牲になった社員たち／支店長の悔恨／英軍のラングーン奪還／翻弄される若井少尉の部隊

第7章 忘れられた戦場 最後の一カ月 シッタン作戦……213

大東亜共栄圏の断末魔／日本人とビルマ人 〝殺し合い〟の記憶／取り残された軍隊による絶望の作戦 シッタン作戦／敢威兵団 地獄の行軍／海軍少佐の記録 シッタン作戦の実相／作戦開始 マンダレー街道を突破せよ！／筒抜けだった作戦 イギリス軍語学将校ルイ・アレンの資料／魔のシッタン河 呑み込まれる日本兵／救護看護婦

の悲劇／日本の終戦を知らず敗走を続けた堤少佐の部隊

第8章　戦争の惨禍　伝え残した記録……253
ビルマ戦　日本軍指導者たちの戦後／悲願を前に　アウンサンの悲劇／語学将校ルイ・アレンが抱え続けた苦悩／惨禍を伝え残す　元将校たちの執念

終　章　日本の戦争　過ぎ去らない過去……267
ミャンマーの過去と現在　ビルマ国軍元少尉の思い／ある残留日本兵の遺言「トンボになって日本に帰りたい」／番組放送を終えて

参照文献一覧……279

あとがき……283

＊本書に登場する方々の年齢は、取材時のものである。

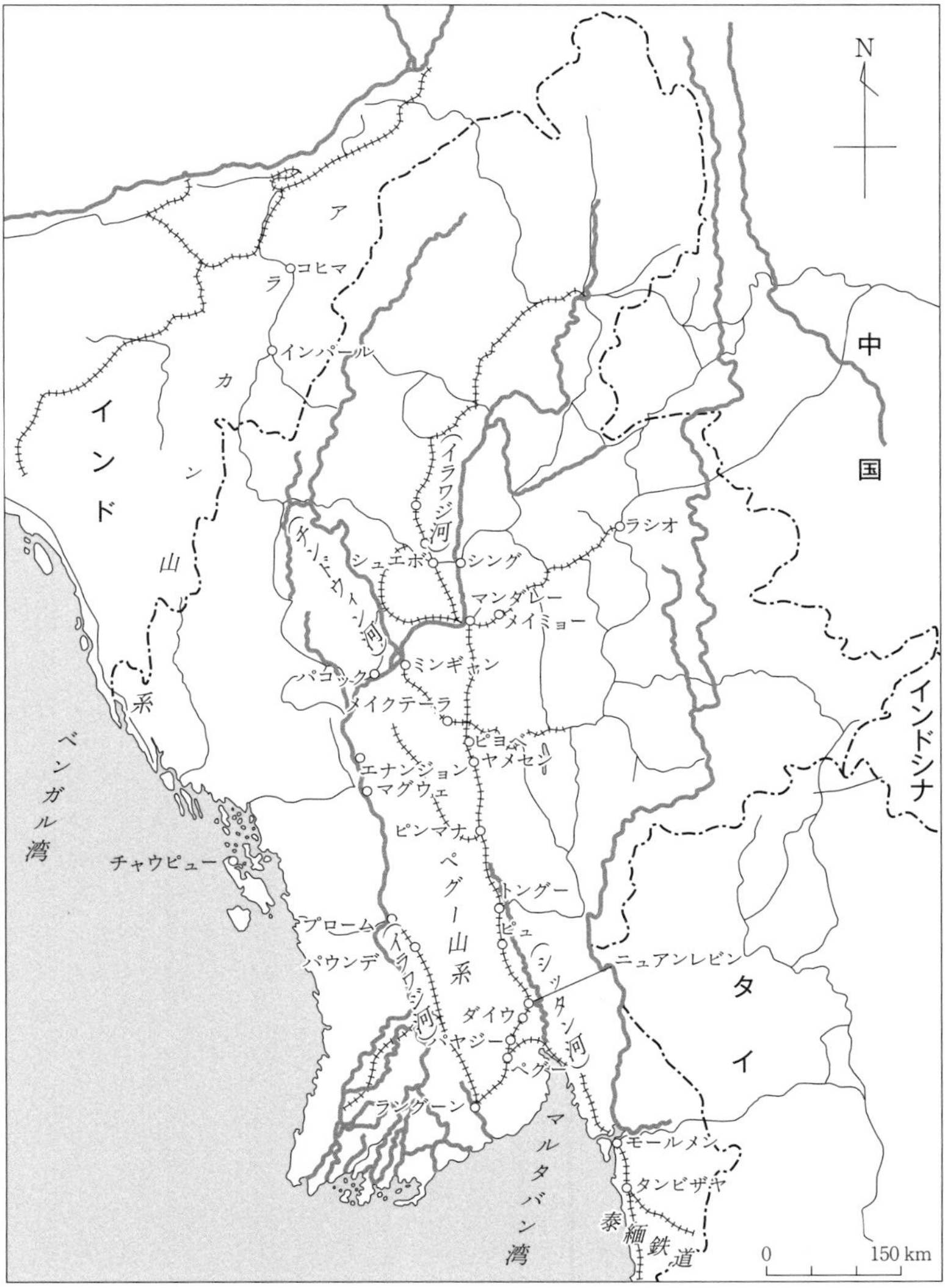

関連地図（『戦史叢書　シッタン・明号作戦』付図をもとに作成）

序章　ビルマ戦　知られざる最後の一年

クーデター　厳戒下のミャンマー

二〇二二年六月初旬、私たち取材班は、ミャンマー(旧ビルマ)で最大の旅客数を誇るヤンゴン国際空港に降り立った。太平洋戦争期間中、一六万七〇〇〇もの日本軍将兵、そして大東亜共栄圏の一翼を担った多くの民間人が命を落とした「ビルマ戦」についてのNHKスペシャルを制作するための撮影取材だった。最大都市ヤンゴン(旧ラングーン)から首都ネピドー、そして激戦地となった中部の都市マンダレーをめぐる三週間の取材行程だった。

五月後半から乾季から雨季に移行していくミャンマーではそれに伴って気温も低下していくが、それでも温度計は三〇度を超えていた。東南アジア特有の多湿もあいまって、空港に降り立ったとたんに、滂沱の汗が流れ出る。

ヤンゴン国際空港は、〝最大の旅客数〟とは言うものの、それは少し前までの姿であり、その時は国際空港の姿は見る影もなかった。ミャンマーでは、二〇二〇年三月から新型コロナウイルスの世界的な感染拡大を受けて国際線の着陸禁止措置がとられていて、二〇二二年四月一七日に国際線の運航が再開されたばかりだったからだ。

しかし、ミャンマーへの海外からの入国が減少していた原因は、新型コロナだけではなかった。現在はロシアによるウクライナへの軍事侵攻によって国際ニュースの後景へと退いているが、ミャンマー国軍によるクーデターとその後の混乱が大きな要因だった。

新型コロナの発生から一年が経過していた二〇二一年二月、その前年に行われた総選挙についてミンアウンフライン司令官が率いるミャンマー国軍は、アウンサンスーチー氏が率いる国民民主連盟(NLD)の大勝に「不正があった」として、全土に非常事態宣言を発出し全権を掌握した。軍事力を背景にしたクーデターだった。二〇一一年に軍政から民政に移行して以来、国家顧問として民主化にむけた動きの中心にいたスーチー氏やNLD関係者は身柄を拘束され、国際社会は騒然となった。

長年、多くの血を流しながら民主化を希求し続けてきた市民たちの動きは迅速だった。情報が遮断される中、クーデターの一週間後には複数の都市で大規模なデモが行われた。武力で圧倒的に勝るミャンマー国軍に対し、市民たちはSNSを使った情報発信などで応戦、それは「デジタルレジスタンス」とも呼ばれる新たな世代のデモだった。しかし、国軍は丸腰の市民に殺傷力の高い武器を使用するなどしてデモを鎮圧。徹底的な情報統制と参加者への仮借《かしゃく》のない弾圧によって抵抗する市民たちの動きを封じ込めていったのである。

私たちが、ミャンマーに入ったのはクーデターから一年四カ月後のことだった。スーチー氏の側近二人の死刑が承認されるというニュースが伝えられていた。クーデター発生直後は二〇〇〇〇人規模のデモが行われていた最大都市ヤンゴンは平静を取り戻しているかのように見えた。しかし、主要機関の前には鉄柵がものものしく設置され、市街地の治安警備にあたる国軍の兵士にカメラを向けることも固く禁じられた。この時、ミャンマー全土でデモへの弾圧や拘束後の暴行などで死亡した人は確認できただけでも二〇〇〇人を超えていた。異常事態は水面下で続いていた。

この五年前の二〇一七年の同じ季節に私たち取材班は、ミャンマーを訪れていた。世界でも屈指の豪雨地帯と言われるインドとミャンマーの国境地帯で敢行されたインパール作戦を取材するためだった。乾季と雨季に峻別されるミャンマーでは、五月から六月初旬にかけては、淡水と海水が混じり合う汽水域のような天候が続く。六月後半からの豪雨を予感させるような曇天と肌に空気がまとわりつくような高温多湿。旅に相応しい季節とは言いがたい。イギリス統治の影響を色濃く受ける壮麗な建造物群と、東南アジア特有のエネルギーを感じさせる雑多な町並みのコントラストは、五年前とさほど変わらない印象だ。しかし、そこに暮らす人々の活気、表情は比べるべくもないように感じた。喧噪の中にほの見えるなんともいえない昏《くら》さは、本格的な雨季を前にした曇天と高温多湿のせいばかりでないのは当然だった。

ラングーン攻略からインパール作戦まで

今回、私たちがミャンマーを再訪した理由は五年前に遡る。

当時、私たちは長年にわたる交渉の末、日本軍が一九四四年に決行したインパール作戦の全行程の撮影を許された。ミャンマー側とインド側にそれぞれ取材班を派遣し、太平洋戦争で最も無謀と言われた作戦の全貌を詳《つまび》らかにしようと試みたのである。ミャンマーは長く軍政下にあり、国境地帯では少数民族による紛争も続いていたため、全行程のテレビ映像での記録は初めてのことだったと思われる。

かつて日本陸軍の第一五軍やビルマ方面軍の司令部が置かれていたミャンマーの最大都市ヤンゴンは取材の起点だった。ヤンゴンは、ビルマ王国が一八五二年の第二次英緬戦争でイギリスに敗れてからは、英領ビルマ州の州都になった。それにともない名称も英語読みのラングーンとされた。一八八五年の第三次英緬戦争の翌年、ビルマ王国は滅亡、イギリスはビルマ全土を英国領にすることを宣言し、英領インド帝国の一州とした。州都ラングーンはイギリスによってますます近代都市に作り替えられていった。一方でそこには、ビルマ・ナショナリズムの台頭という副産物もあった。一九四二年からの日本の占領をへてもとのヤンゴンに名を戻してからも、ミャンマーの政治経済の中心地であり続け、二〇〇六年に首都がネピドーに移転されてからも、人口は五〇〇万人を優に超え、最大都市の地位は揺らいでいない。

ヤンゴンにはいまも日本軍の遺構が数多く残されている。ビルマ方面軍司令部があった建物はヤンゴン大学に見ることができる。ヤンゴンの郊外には戦後建造されたビルマ戦の日本人戦没者の広大な墓地もある。日本政府が一九八一年に設置した記念碑には「さきの大戦においてビルマ方面で戦没した人々をしのび平和への思いをこめるとともに日本ビルマ両国民の友好の象徴としてこの碑を建立する」と刻まれている。

日本軍は当初はビルマへの侵攻を具体的には考えていなかったとされる。太平洋戦争開戦時の大本営の作戦計画では「南方政策概ネ一段落シ　状況ノ許ス限リ　ビルマ処理ノ作戦ヲ実施ス」（陸軍南方作戦計画）とされていた。ここでいう南方政策とは英米の重要軍事拠点である香港、マニラ、シンガポールであり、豊富な資源があったオランダ領インドつまり現在のインドネシアであった。ビルマをどう固めるかについては開戦時になっても、明確にその方策は定まっていなかったという。

しかし、一九四一年一二月八日の開戦以降、南方作戦緒戦の快進撃によって、いわば〝なし崩し〟的に侵攻が実行に移されていった。しかし、緒戦勝利後も、大本営と南方軍の考えは微妙に食い違っていた。寺内寿一《てらうちひさいち》大将を総司令官におく南方軍はタイ国侵入作戦終了後、タイ国境に近いビルマ・モールメン（現モーラミャイン）の空港の占拠を企図するにとどまっていた。タイ国およびビルマ方面の作戦を担う第一五軍はわずか二個師団で、広大なビルマの内域に侵攻する能力は与えられていなかったからである。これに対し、大本営は早期のビルマ攻略の計画案を立案していた。参謀本部作戦課長の服部卓四《はっとりたくし》郎《ろう》大佐を南方軍に派遣し、ビルマ作戦開始を促したのである。大本営、南方軍、そして現地軍の現状認識の落差は、その後のビルマ戦にも終始つきまとっていくのである。

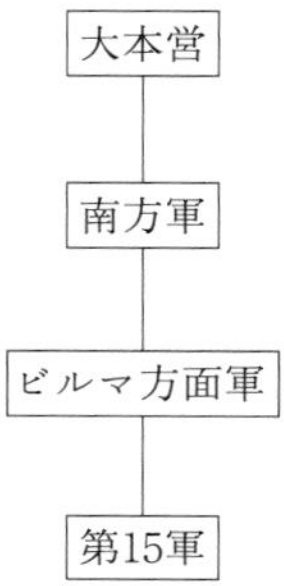

大本営から第15軍までの組織図

いくつかの齟齬がありながら、飯田《いいだ》祥二郎《しょうじろう》を司令官とする第一五軍はビルマ攻略を実行に移していく。第一五軍隷下《れいか》の第三三師団がラングーンを占領したのは一九四二年三月八日。四月二九日には第五六師団がラシオ(現ラーショー)を占領。さらに五月一日には第一八師団がマンダレーを攻略した。ラングーンへの無血入城のさい、飯田司令官らが英領ビルマ総督公邸の前で勝《か》ち鬨《どき》をあげる当時のニュース映像は、あまりにも有名である。その後、ビルマは日本軍の軍政下におかれることになった。

マンダレー失陥のあと、イギリスをはじめとする連合軍の指揮機能は逐次崩壊。日本軍の苛烈な掃討によって、インドや中国に敗走した。中国からの遠征軍を率いていたアメリカのジョセフ・スティルウェル中将や、第一ビルマ軍を指揮していたイギリスのウィリアム・スリム中将はインド・インパールに逃れた。インドに帰り着いたスティルウェル中将は「われわれは敗北の憂き目にあい、最悪の屈辱を受けた。われわれはなぜこんな憂き目にあったかを反省し、すみやかに反攻を始めなければならぬ」と語ったとされる。連合軍が味わった「最悪の屈辱」は、この二年後のインパール作戦、さらにその一年後のラングーン奪還へとつながっていく。

当初、日本軍による軍政はうまく進められているように見えた。その根底にはイギリスの植民地下におかれていたビルマの人々の反英感情があったからに他ならない。実は、日本軍は、開戦後のビルマ侵攻に先立って、「援蔣ルート」のひとつ、ビルマルートの遮断を目的の一つとして鈴木《すずき》敬司《けいじ》大佐をビルマに派遣し特務工作を行っていた。

当時、重慶に政府を移していた蔣介石《しょうかいせき》の国民党を支援する「援蔣ルート」は複数あり、ラングーン、ラシオを経て昆明と重慶を結ぶビルマルートの存在に日本軍は特に悩まされていた。一九四〇年六月の時点で中国への補給量に占めるビルマルートの割合は全体の三分の一にまでなっていたからだ。ビルマルートを遮断することは、泥沼化しつつあった日中戦争を完遂するために日本軍にとって不可欠だったのである。

鈴木は、ビルマの人々のイギリスからの独立機運に着目する。当時、ビルマでは民族政党が大同団結した「自由ブロック」を結成し、反英闘争が活発になっていた。鈴木は、独立運動の支援を通してビルマルートの遮断という目的の達成を試みたのである。「南益世《みなみますよ》」の名で活動した鈴木大佐の特務機関は「南機関」と呼ばれ、独立のためにビルマの若者たちに軍事訓練なども行った。若者の一人が、アウンサンスーチー氏の父親アウンサンである。

アウンサンの日本との関わりは深い。開戦の一年前には中国アモイに潜伏していたアウンサンを日本に連行。鈴木はアウンサンにビルマの独立支援構想を持ちかけた。そして箱根で静養させながら、東京、横浜、名古屋、大阪、京都、奈良など日本各地を案内した。のちに「独立の父」と呼ばれることになるアウンサンは、日本の中国での振る舞いを知悉《ちしつ》していたため当初は鈴木の申し出に逡巡していた。しかし、軍事訓練をへてビルマ独立義勇軍を創設。日本軍とともにラングーン攻略のために戦い、大きな貢献を果たした。そして、市民たちの多くもアウンサンらの決起に賛同していたのである。ビルマ独立義勇軍は後にビルマ国防軍をへてビルマ国軍となり、現在のミャンマー国軍となった。そのミャンマー国軍が創設者の娘アウンサンスーチー氏に対してクーデターを断行したことは、ミャンマー史の皮肉であり悲劇である。と同時に、日本軍がその端緒に大きな役割を果たしていることは記憶に強くとどめておくべきことだろう。

当初日本は戦勝後のビルマの独立を約束し、戦争協力を得る必要性から早期のビルマの独立の方針を具体化していった。一九四三年八月一月、軍政が廃止されビルマは独立を宣言した。バモオが国家元首となり、アウンサンは国防大臣に就いた。ビルマ独立の方針を決定したのが「緬甸《ビルマ》独立指導要綱」である。この内容や同時に結ばれた「日本国緬甸国軍事秘密協定」をめぐる禍根が、アウンサンの反乱の要因の一つになっていくが詳細は後述に譲る。

一方で、連合国軍側のビルマをめぐる動きも慌ただしくなっていた。アメリカのルーズベルト大統領とイギリスのチャーチル首相は一九四三年一月のカサブランカ会談で、この年の終わりにビルマ奪回作戦を開始することで合意する。イギリス軍は戦力を徐々に回復させ、特に航空戦力においては優勢さを確保するようになっていた。それを象徴したのが一九四三年二月のイギリス軍の動きだった。北部ビルマに突如、イギリス・インド軍の挺身部隊が侵入、その地域を守備していた日本陸軍第一八師団の防衛管区内に深く潜入したのである。イギリスのチャールズ・ウィンゲート准将が率いていた第七七インド旅団、通称「ウィンゲート旅団」だった。

ウィンゲート准将は、パレスチナや東アフリカでのゲリラ作戦で大きな成果をあげ、近代的ゲリラ戦を構築したと言われる。挺身部隊は火器だけを持ち、補給はすべて空中から受け取ることで、険しい山岳地帯の中でも高い機動力を維持してすばやく日本軍の戦線に侵入し、ゲリラ的に戦うというのがウィンゲートの戦法だった。ウィンゲート旅団の日本軍への攻撃は敗北に終わるが、急峻な山岳地帯を盾にしていたはずの第一八師団は、敵に急襲されたことに大きく動揺した。一方でイギリスは敗退したものの、制空権が十分に保持されていれば来たるビルマ奪還のさい優位にたてると自信を深める。この時、第一八師団の司令官が、後にインパール作戦を指揮する牟田口廉也《むたぐちれんや》中将だった。

太平洋戦争で最も無謀と言われたインパール作戦

インパール作戦は作戦名を「ウ号作戦」という。始まりは、ビルマ侵攻の余勢をかってインド東部に進撃しようという南方軍の構想だった。ビルマを占領下においたわずか三カ月後の一九四二年八月、南方軍は「インド東北部に対する防衛地域拡張に関する意見」(「南方軍関係戦闘綴」)を正式に大本営に提出する。この作戦は「二十一号作戦」と呼称された。しかし、第一五軍司令官の飯田中将は無謀で実行困難とし、この時は、隷下第一八師団の師団長だった牟田口廉也中将も同様の意見だった。このころ太平洋戦線のガダルカナルの戦局が苛烈さを増していたこともありいったんは頓挫する。しかし、大本営はこの「二十一号作戦」を中止ではなく、一九四三年二月以降に延期とした。

ミャンマーとインドの国境、最も厳しい雨季には川幅が六〇〇メートルにも迫るチンドウィン河と二〇〇〇メートル級の山々と密林地帯が広がるアラカン山系を越え、インド・インパールに置かれていたイギリス・インド軍の拠点の攻略を目指すという構想が再び持ち上がったのは、一度は「実行困難」とした牟田口中将が第一五軍の司令官に昇格してからだった。ウィンゲート旅団が密林地帯を越え急襲してきたことでビルマをめぐる状況に強い危機感を抱くようになったのに加え、太平洋方面の情勢が急速に悪化する中で、戦局を打開することで功を上げようと、この作戦実行を強硬に主張するようになっていたのである。牟田口中将の構想は、さらに、インドのアッサム地方への侵攻にまで及んでいた。

当初から幕僚の一部はこの作戦の危険性や無謀さを認識していたが、冷静な分析に基づく反対論や懸念は、ことごとく退けられていった。兵站の補給路の確保が困難だと作戦に異を唱えた第一五軍の小畑信良《おばたのぶよし》参謀長に至っては、牟田口中将の逆鱗に触れ、就任からわずか二カ月で参謀長を罷免された。

そして作戦は一九四四年三月に実行に移される。本格的な雨季の到来を前にインパールを攻略することを目指し、携行が許された食料はわずか三週間分に過ぎなかった。インドとミャンマーの国境地帯は世界でも屈指の豪雨地帯である。雨季に入る前、「インパールは天長節(天皇の誕生日を祝う日。昭和は四月二九日)までには占領してご覧に入れます」というのが牟田口中将の口癖だったが、雨季に入っても日本兵の誰一人としてインパールの地を踏むことはできなかった。

現場の戦いは、困難を極めた。一方で、南方軍やビルマ方面軍の戦況分析は極めて緊張感を欠いたものだった。一九四四年四月末、参謀次長・秦彦三郎《はたひこさぶろう》中将以下、参謀本部の部員たちが作戦連絡を受けるために南方軍を訪れた。その時、南方軍の幕僚は「インパール作戦は九〇パーセント成功するであろう」と説明したという（元大本営参謀・杉田《すぎた》一次《いちじ》大佐の回想録『情報なき戦争指導』）。その後、秦中将一行はラングーンに入ったが、ビルマ方面軍の説明も、八〇〜八五パーセントの割合で成功が見込まれるというものだった。

しかし、秦参謀次長の目にはインパール作戦の無謀さが強く印象付けられた。帰国後、秦参謀次長は、東條英機《とうじょうひでき》参謀総長（総理大臣兼陸軍大臣）に「インパール作戦の前途は極めて困難」と報告したが、東條は「戦さは最後までやってみなければ判らぬ。そんな気の弱いことでどうするか」と言わんばかりの発言をしたとされる。

当初から作戦に懐疑的だった前線の師団長たちと牟田口中将との関係も最悪だった。

インド・ナカランド州のコヒマで厳しい消耗戦を強いられていた第三一師団師団長の佐藤幸徳《さとうこうとく》中将は、武器弾薬や兵站の支給を再三打診しながら、第一五軍司令部に受け入れられなかったため独断撤退を敢行。陸軍を揺るがす「抗命事件」を引き起こす。佐藤はその後更迭される。

南から最も長い距離を通ってインパールを目指す行軍を命じられていた第三三師団師団長の柳田元《やなぎたげん》三《ぞう》中将は、無謀な作戦の中止を牟田口中将に進言するものの、消極的であることを理由に師団長を解任される。そして牟田口中将の作戦を忠実に実行しようとしていた第一五師団師団長の山内正文《やまうちまさふみ》中将も「作戦指導不徹底」を理由に更迭される。作戦を実行する三つの師団の師団長が更迭・解任される事態に及ぶに至り、第一五軍は、もはや組織としての体をなしていなかった。

この作戦については同じNHKスペシャル取材班が執筆した『戦慄の記録 インパール』に詳しい。作家の保阪正康はインパール作戦について「昭和陸軍の根本的問題の露出」(『昭和陸軍の研究』)と評している。多くのリーダーが愛読する『失敗の本質——日本軍の組織論的研究』(戸部良一ほか)でも指摘されるように日本軍の負の側面が詰まったような作戦であり、その顚末もまたしかりだった。

司令官の無謀な作戦指導を受け入れた参謀たちの「上司への忖度《そんたく》」、かつての上司部下という情実に基づき下された「曖昧な意思決定」による作戦の裁可、現地軍の訴えを退け続けた司令部の「現場の軽視」、敵の力や兵站の著しい軽視と楽観主義による「科学的根拠に基づかない精神論」、作戦失敗後の上層部の処遇から見える「結果責任の回避」……。

どれもかも、現代の日本の組織においてもここかしこで見られる悪弊である。

作戦中止がようやく決定したのは一九四四年七月。凄惨な現場の状況を第一五軍の参謀たちも把握していたが、作戦中止のために積極的に動いた者は見当たらなかった。国境付近で孤立した部隊の撤退は年末まで続き、最終的な戦死・戦病死者は三万、戦傷者は四万に上った。食料も武器弾薬も尽きた兵士たちは、世界でも屈指の豪雨の中を撤退していった。激しい飢えやマラリヤなどで命を落とした兵士たちの遺体が折り重なった山道は「白骨街道」と呼ばれた。「白骨街道」には今も日本軍の幽霊があらわれると証言する現地の人々もいる。

五年前、私たちが「白骨街道」をたどるために訪ね歩いた国境付近の少数民族の村々の中には、いま、ミャンマー国軍に抵抗するために武器をとりゲリラ化した市民たちの拠点になっている場所もある。以前からミャンマー国軍の弾圧に抵抗してきた少数民族の武装勢力と合流するケースがあるのだという。前回実現した白骨街道の取材は、今回は叶わなかった。八〇年近い歳月を経てもなお、白骨街道で無慈悲な命のやりとりが続いていることに深い思いを致すしかなかった。

牟田口中将は第一五軍の司令官になるにあたって、司令部をミャンマー中央部の大都市マンダレーの東に位置する標高一一〇〇メートルの高原の町メイミョー、現在はピンウールインと呼ばれる町に移していた。この司令部で牟田口廉也司令官に仕え、司令部内の様子や戦局の悪化を現地で克明に記録していたのが、当時二三歳の齋藤博圀《さいとうひろくに》少尉だった。

終戦後、捕虜となって収容所に入った齋藤氏は、帰国にあたって連合国軍に没収されることをおそれてタイのバンコクから帰国する直前、地元の大学教員に日誌を預け、戦後しばらくして、取りに戻ったという。そうまでして伝え残したかった日誌をもとに書かれた齋藤氏の回想録の中には、人命を軽視する司令部の異様な空気が記されている。

「弓烈祭〔第三三・三一・一五師団〕三師団長と牟田口司令官の喧嘩のやりとりが続きました。牟田口司令官が作戦参謀に〝どれくらい損害があるか〟と質問があり、〝はい、五〇〇〇人殺せば陣地がとれる〟との返事に〝そうか〟でした。最初は敵を五〇〇〇人殺すのかと思って退場しました。参謀部の将校に尋ねたところ〝それは、味方の師団で、五〇〇〇人の損害が出るということだよ〟とのことでした。よく参謀部の将校から何千人殺せば、どこがとれるという言葉を耳にしました」

二三歳の齋藤少尉は上層部の傲慢さやエリート意識に強い嫌悪感を抱いたという。齋藤氏にとって、その上層部の傲慢さやいい加減な見積もりこそがインパール作戦惨敗の主因となるものだった。過酷な撤退戦の中でも手放さなかった日誌に、齋藤元少尉は、白骨街道には兵士のみが行き倒れていて、将校下士官の姿はないと書き取っている。やがてマラリヤに倒れ、生死をさまよう齋藤元少尉は一九四四年一一月二七日の日誌に次のように書き残した。

「俺一人ただ俺一人病《やみ》うる身を病床に横たう。生き残りたる悲しみは死んでいったものへの哀悼以上に深く寂しい」

しかし、本当の地獄は、インパール作戦のあとに待っていた。一九四五年に入り、齋藤元少尉は重度のマラリヤにもかかわらず戦線復帰を命ぜられる。主計将校だった齋藤元少尉に与えられた任務は、斬込部隊の小隊長だった。日誌の記述は、さらに悲壮で陰惨なものになっていった。

インパール作戦は、広大なビルマの防衛にあたっていた多くの部隊を投入して行われた作戦だった。その壊滅的な敗北は、その後のビルマ防衛の崩壊を同時に意味していたのである。

インパール後のさらなる地獄　道徳的勇気の欠如

私たちの今回の取材の目的は、五年前に全行程をたどったインパール作戦の中止後、ビルマでの「最後の一年」をできるだけ詳らかにしようというものだった。インパール作戦についての取材に応じてくださった方々は、齋藤元少尉と同様に、ビルマでの最後の一年に筆舌に尽くしがたい体験をしていたからである。

ビルマとインドの国境付近から首都ラングーンに至る厳しい撤退戦はどのように行われたのか。一九四五年四月末のビルマ方面軍のトップらの突然のラングーン撤退とは何だったのか。司令部に見捨てられる形となった現地の部隊や民間人はどのような運命をたどったのか。大東亜共栄圏はどのようにして瓦解していったのか。イギリスと日本の支配は、戦後のミャンマーにどのような影響を与えたのか。ビルマの日本人たちはどのような形で終戦を迎えたのか。そして生き残った者たちは、戦後をどのように生きたのか。

日本軍とイギリス軍の戦いの様子を直接垣間見た者、アウンサンの理想に共鳴しビルマ国軍に加わった者、日本への反乱軍に加わった元少年――ミャンマーでの現地取材では、厳しい制約の中でも、できるだけ日本軍の足跡を記録しようと試みた。

日本では、五年前にすでに高齢だった元兵士の方々をもう一度訪ね、インパール作戦後の修羅場を聞いて回った。当時の兵士は若くても現在九〇代後半。一〇〇歳を超える方にも取材に応じていただいた。関連する記録や回想録などもできる限り入手した。そして改めて軍の一次資料を洗い直した。

イギリスでは、イギリス軍による日本軍上層部への尋問調書を入手。尋問にあたった語学将校の遺族をたずね、生前書き残した膨大な記録の提供を受けた。そしてイギリス軍が撮影した三〇時間を超えるフィルムからは、過酷な戦場の姿が浮かび上がった。

インパール作戦後のビルマでの最後の一年間。戦史研究は当然行われてきたが、放送をはじめとするジャーナリズムの世界では、これまでなぜか「空白」となってきた。それは「インパール作戦」五部作などで無謀な作戦を世に知らしめた戦記作家・高木俊朗《たかぎとしろう》氏が後述のように、晩年、「ビルマの最後の一年」の全貌を書くことを望みながら叶わなかったことも、その要因の一つかもしれなかった。高木氏が遺した膨大な取材記録や元兵士の肉声からは、忘れられた戦場の忘れられた声が聞こえてくるようだった。

アフター・インパールの一年間。今回の取材は、それがいかに「絶望の戦場」だったかを思い知らされるものだった。検証の方法は後述するが、ビルマ戦の死者一六万七〇〇〇の将兵のおよそ八割が、インパール作戦が中止された一九四四年七月以降に命を落としていたのである。防衛庁防衛研修所戦史室『戦史叢書　イラワジ会戦——ビルマ防衛の破綻』は一九四四年一二月に始まり翌三月末に惨敗に終わったイラワジでの戦いについて、こう結んでいる(以下、特に断りのない限り、作戦についての概略的な説明や将官たちの発言等は、同書ならびに『戦史叢書　ビルマ攻略作戦』『戦史叢書　インパール作戦——ビルマの防衛』『戦史叢書　シッタン・明号作戦——ビルマ戦線の崩壊と泰・仏印の防衛』に拠る)。

「〔ビルマ〕方面軍は「最悪の場合全軍覆滅の悲運に会うことを覚悟」して、イラワジ会戦を指導したが、冷静に本会戦を観察すれば、その結末は「最悪の場合」ではなく「当然の帰結」のように思われる」

ビルマでの緒戦で日本軍に敗れ、その後、イギリス第一四軍を指揮しビルマを奪還したウィリアム・スリム司令官は、戦後、回想録(『敗北から勝利へ』)で次のように述懐している。

「日本軍の指導者の根本的な欠陥は、〝肉体的勇気〟とは異なる〝道徳的勇気の欠如〟である。彼らは自分たちが間違いを犯したこと、計画が失敗し、練り直しが必要であることを認める勇気がないのだ」

「最悪の場合」ではなく「当然の帰結」「〝肉体的勇気〟とは異なる〝道徳的勇気の欠如〟」。戦後八〇年を迎えようとする私たちは、ビルマの最後の一年から何をくみ取るべきなのだろうか。本書は、その「空白」に肉迫しようとした取材班の苦闘の記録でもある。

第1章 「インパール」後のさらなる地獄

高木俊朗

ビルマの最後の一年に迫る「高木資料」

二〇二二年一月、私たちは、ビルマでの「絶望の戦場」を紐解くある重要な資料を探していた。場所は、東京都武蔵野市にあるトランクルーム。三畳ほどの部屋には数十箱の段ボールがうずたかく積まれ、足の踏み場もない状態だった。これらはすべて、戦記作家・高木俊朗(一九九八年没)の未公開の取材資料だった。

高木俊朗は、インパール作戦を世に知らしめた作家だ。戦中、陸軍報道班員としてビルマに従軍し、目の前でビルマの悲惨な戦場を目撃した。戦後、参謀や将校、従軍兵士たちへの取材を重ね、『インパール』(一九四九年)、『抗命』(一九六六年)、『戦死』(一九六七年)、『全滅』(一九六八年)、『憤死』(一九六九年)を著した。これらはインパール五部作といわれ、軍上層部が進めた無謀な作戦の実態を明らかにした作品として評価され、戦史研究においても参照される文献となった。インパール後のビルマでの最後の一年についても、高木は強い関心と執筆意欲を示していた。

「日本軍はインパール作戦の打撃から立ちなおることができず、イラワジ河、シッタン河の二つの大河の沿岸で英軍に撃破され、散乱状態となる。ビルマの平地で、インパールの山岳地帯と同様の悲惨な戦況が展開し、日本軍は壊滅する。

そのような結末は、インパール作戦と別個の、あるいは無関係のものではない。インパール作戦で戦力を失ったことが、ビルマ方面の日本軍の崩壊をいっそう悲惨なものにする。それは、いわばインパール作戦の延長であり、結末である。従って、ビルマの戦記を書くとすれば、インパール作戦だけで終わってはならない」(『全滅・憤死 インパール3』「文庫版のためのあとがき」)

実は高木は、インパール後に関する短編の小説を雑誌に寄稿している。ビルマに渡った芸者と軍参謀の恋路を描いた「女は戦場に行った」(『オール讀物』一九七六年七月)、ビルマ方面軍司令部がラングーンから撤退したことで取り残された看護婦たちの悲劇を記した「悲愁・従軍看護婦」(『小説宝石』一九七一年二月)、終戦間際に敵中突破を試みたシッタン作戦を描いた「敵中の脱出」(『小説宝石』一九七三年四月)などである。しかし、ビルマ戦最後の一年の全体像を描く作品が世に出ることはなく、高木はその生涯を閉じた。

「高木資料」と巡り会ったのは、五年前、NHKスペシャル「戦慄の記録 インパール」の取材時に遡る。当初私たちは、その番組において、高木俊朗が遺していた膨大な取材カセットテープと、インパール作戦の未発表原稿をもとにした新たな視点を軸にした番組を考えていた。高木の妻、誠子《さとこ》さんへの交渉の末、それらの貴重な資料の提供が許された。今回、改めてすべての遺品の閲覧が許されたため、本格的な分析に取りかかった。私たちは、暖房が効かない底冷えのするトランクルームの中、使い捨てカイロで指先を温めながら、歴史の痕跡にひとつひとつ目をこらしていった。

まず発見したのは、戦後、陸軍参謀や兵士たちに取材した時の音声テープだ。イラワジ会戦において最前線で戦った第三三師団の作戦参謀・三浦祐造《みうらゆうぞう》少佐。インパール作戦から終戦までビルマ作戦を目の当たりにしてきたビルマ方面軍後方参謀・後 勝《うしろまさる》少佐。終戦間際のシッタン作戦を指揮した第二八軍後方参謀・山口 立《やまぐちたつる》少佐。大本営参謀・高山信武《たかやましのぶ》大佐など。いずれも軍の作戦を把握していた幹部たちの、生々しい本音と息づかいが記録されていた。

取材は民間人にも及んでいた。例えば、首都ラングーンに出店していた料亭「萃香園《すいこうえん》」の関係者への聞き取りメモである。萃香園は、ビルマに従軍した将兵の回想録に度々登場する。

「ラングーン郊外の清水爽やかに湛えたヴィクトリア湖畔に萃香園という料理屋が出来て、自動車が常に二、三十台は集まり、殷賑《いんしん》を極めている。第一線で食うや食わずの苦しい戦いに、あるいは疾病で、あるいは敵弾に斃れていく時に、芸妓の脂粉の香に溺れ酒に酔い痴れているのは、なんという甚だしい矛盾であろう」(後勝『ビルマ戦記』)

この高級将校御用達《ごようたし》の芸者料亭については、当事者が語った記録はほとんど見つかっていない。だが、破れかかったA4サイズの封筒の中から出てきた黄ばんだ原稿用紙の束には、ビルマに出店した萃香園の創業一族の証言や、誘われて日本からビルマに渡った芸者や仲居、料理人などの証言が記録されていた。

芸者らは語る。借金を楽に返せると聞いて気楽な気持ちでビルマに〝出稼ぎ〟に行ったこと。パトロンとなる将校を見つけ物資など生活の便宜を図ってもらったこと。将校に恋をして前線に向かった芸者仲間がいたこと。前線の兵士が「女を抱きながら作戦を練っている」と軍上層部に対し、怒り涙していたこと。――銃撃や砲弾が飛び交う殺し合いは戦場の一断面に過ぎない。軍が占領政策を敷いた後方地域では、内地でも見かけない宴会や、芸者をめぐる色恋沙汰も起きていた。それが戦場の「リアル」であることを私たちは確認していった。

また、小説の構想やプロットを記した黒革の表紙の分厚いファイリングノートも見つかった。高木が、主要な人物や出来事についてまとめたメモである。例えば、インパール後の作戦立案の中心人物、田中新一《たなかしんいち》ビルマ方面軍参謀長。多数の軍関係者の証言をもとに、戦史には書かれない、人物像が活写されている。

「身長五尺一、二寸。ずんぐりとした短軀、赤ら顔、西郷の様な顔で目がぎょろぎょろしていたが、ヒッヒッと笑うとかわいい顔になった。〔中略〕部屋にいる時は、地図を広げ、兵棋のコマ(金属製のものをわざわざ作らせた)をおいて、日の丸の扇をもって動かし研究をしていた」

「シッタン河」という項目では、高木の作品に対する思いも記されていた。

「シッタン河。ビルマにいた日本人には、インパールと共に忘れることのできない名だ。報道を隠されていた内地の人々には未知の名かも知れない。しかし、永久に日本の歴史から消すことのできない名である。戦後は、一切の記録が消滅し、また混乱のため、二八軍の苦闘は当事者以外に知られないでしまった。ビルマにいた軍人さえも二八軍の苦難の実相について知る人は少ない」

ここまで取材に執念を燃やしていた高木がインパール後について、ついぞ本にまとめることができなかったのはなぜなのだろうか。妻の誠子さんは次のように教えてくれた。

「それは私のせいです。当時、高木は逗子で独り暮らししていましたが、〔高齢となり〕危ないですし、こちら〔東京〕へ引っ越してきたんです。でも、未整理の夥しい資料に囲まれていないと、ノンフィクションは書けないんです。引っ越しのせいで、段ボール箱に入ってしまったせいで、資料がなかなか見つからず、その結果書けませんでした」

同時に、作家・高木俊朗を突き動かしていた思いについて、誠子さんは次のように教えてくれた。

「現実を知らない人が多いから、本当のところを知らせなきゃいけないっていう、だから従軍記者としての使命みたいなもんでしょうね。あまりにも現実と報道されていることが違うということでそれを正さなきゃいけない。みんなその当時の新聞、日本は勝った勝ったとか言っておりますよね。ところが、現実はそうではない。それをどこかでちゃんと書き残さなきゃいけないということでしょうね」

三〇〇人以上に対して行われた取材記録。私たちがインパール後のビルマにおける一年間を描く上で、「高木資料」は骨格をなす資料となっていったのである。

余談だが、誠子さんは書家（竹中青琥《せいこ》）でもある。番組と本書の題字「ビルマ　絶望の戦場」を揮毫していただいたことを付言しておきたい。

インパール作戦後の一年間

太平洋戦争において〝最も無謀な〟作戦の一つとされるインパール作戦の中止命令が発出されたのは、一九四四年(昭和一九)七月二日だった。参加した九万の将兵のうち、三万人が亡くなったとされ、惨憺たる失敗に終わった。ここから一九四五年八月の終戦までのおよそ一年間が、これまで顧みられることのなかった「インパール後」の戦いである。

同じ時期、南方作戦全般の戦局もまた急速にその退勢を深めていた。米陸軍ダグラス・マッカーサー将軍の指揮する連合国軍は、一九四四年五月にニューギニアのビアク島に、さらに七月にはヌルホン島に相次いで上陸し、遂にニューギニアの大半をその手中に収めた。一方、チェスター・ミニッツ大将指揮下の米海軍は、一九四四年一月マーシャル諸島を攻め、二月にトラック島を、次いで、マリアナ諸島を矢継ぎ早に空襲するとともに、三月には、パラオ諸島をも急襲した。

こうして米海軍は、六月一五日圧倒的な戦力をもって遂にサイパン島に上陸した。日本海軍の連合艦隊は、米海軍に決戦を挑んだが、参加空母九隻のうち三隻を失い、四隻が損傷する、大損害を受けた。サイパン島守備隊はその後、孤軍勇戦を続けたが、七月七日遂に「玉砕」した。

サイパン島が敵手に落ちれば、日本本土は同島を基地とする長距離爆撃機の爆撃圏内に入ることになる。同島の失陥は南方作戦の敗勢をにわかに深める結果となった。東條内閣は、サイパン失陥を契機に七月一八日総辞職に追い込まれ、同月二二日小磯国昭《こいそくにあき》内閣が成立した。

大本営は、以上の情勢に応じ、千島列島から日本本土を経て西南諸島、フィリピン、ボルネオ、モルッカ諸島にかけて一連の防衛強化を図るとともに、七月下旬「捷号《しょうごう》作戦」準備命令を出して、迫

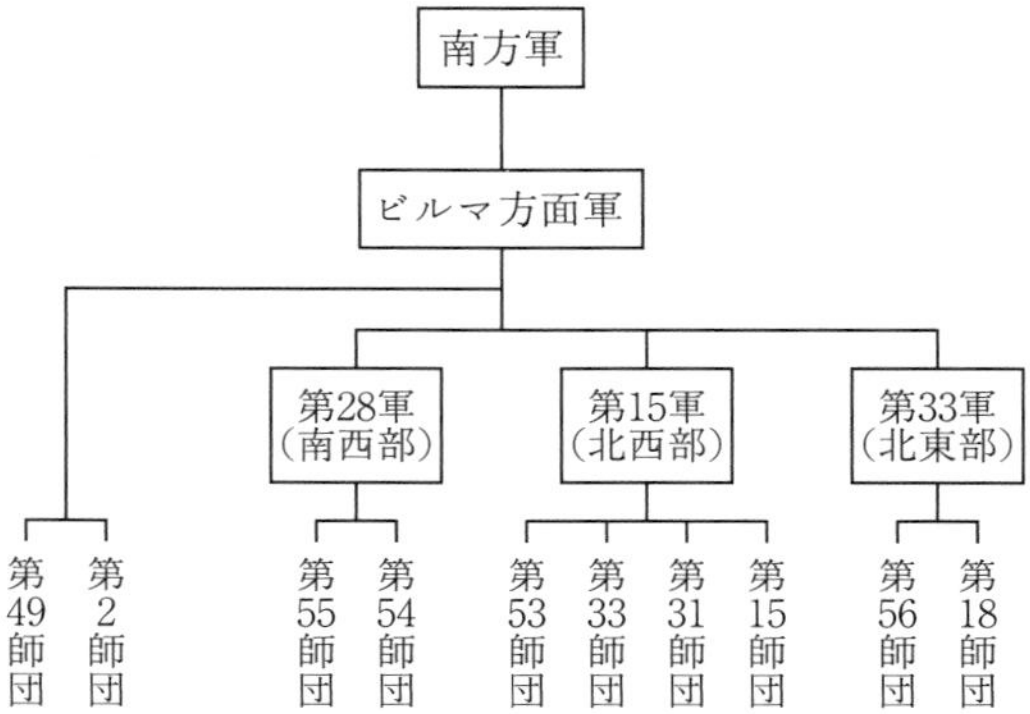

ビルマ方面軍組織図（1944年9月）

り来る連合軍との決戦に備えた。決戦方面は本土、南西諸島および台湾、フィリピン方面と予定し、特にフィリピンにおける決戦準備を重視した。

もしビルマ戦線が破綻を招き、インドからビルマを経由する援蔣地上ルートが再開され、かつビルマ戦線が直接インドネシアに後退するようになれば、陸軍の大陸方面の作戦基盤は急速に危機に陥る。ひいては本土と南方圏が分断され、その結果、日本の戦争継続能力は太平洋方面の戦局と相まって、たちまち枯渇すると見られた。

当時のビルマ全体の日本軍の配置を整理すると、ビルマ南部の首都ラングーンに拠点を置き作戦全体を統括する「ビルマ方面軍」、その下に北西部でのインパール作戦で敗北を喫し、南方に撤退を始めていた「第一五軍」、北東部の中国国境地帯で、中国とアメリカの連合軍に対峙していた「第三三軍」、南西部のアキャブ地方で沿岸部からのイギリス軍上陸に備えていた「第二八軍」となる。さらにその下に師団が配置される。

インパール作戦中止後の九月、まず行われたのが大幅な人事異動だった。方面軍および第一五軍の両司令部の人員は、ほとんど根こそぎ更迭された。

作戦の主要な責任者の異動を記すと、方面軍司令官の河辺正三《かわべまさかず》中将は参謀本部附に転出し、かわって兵器行政本部長を務めていた木村兵太郎《きむらへいたろう》中将が着任。方面軍のナンバー2である参謀長は、中永太郎《なかえいたろう》中将が第一八師団長に転出し、第一八師団長を務めていた田中新一中将が着任した。第一五軍司令官は、牟田口廉也中将が本土の参謀本部附に転出し、第五四師団長を務めていた片村四八《かたむらしはち》中将が着任した。

職を解かれて戦場を去りゆく将校たちにとっても、ビルマ戦の見通しは極めて厳しいものだった。その一人、木下秀明《きのしたひであき》大佐(第一五軍司令官参謀)は、当時の心情を次のように回想している。

「私は軍の多幸を心から念願しながらシンガポールに向かったが、その前途はまことに暗澹としていた。神に祈る気持ちであった。〔中略〕インパール作戦で軍の戦力は既に五分の一程度に減ってしまったし、優勢な英印軍や重慶軍に対し、今後の作戦で軍の勝利など考えることはできない。ビルマのこの頽勢は我々の拙戦が招いたことだが、将来方面軍の苦しい努力で、その実害を最少限に局限されることを祈る以外に既に方策はない。これから難局に当たる人々の苦衷を思えば同情と慚愧の念に耐えなかった」

戦没者名簿から浮き彫りになるインパール後の「地獄」

「インパール後」のビルマの戦場で、一体どのくらいの日本の将兵が命を落としたのだろうか。厚生労働省が公表している資料ではビルマ(インド含む)の戦没者は、総数一六万七〇〇〇人とされている。戦死した兵士の遺族であれば、厚労省に問い合わせれば、個別に戦死日や場所を教えてもらえる。しかし、どの時期にどの地域で戦死者が多かったのかなど、ビルマ戦の全体像を分析する公的な情報は全く存在しないのだ。

そこで、私たちが注目したのが「戦没者名簿」である。ビルマには、新潟、茨城、群馬、栃木、三重、奈良、京都、岡山、鳥取、兵庫、高知、香川、徳島、福岡などで編成された連隊が赴いた。終戦後生きて日本に帰還した兵士たちの多くは、地元で戦友会を作り、拭いがたい戦場の記憶やお互いの近況を語りあった。そして、自らの苦闘の記録を後世に残そうと、連隊史を私費出版した。連隊史の形式は様々だが、欠かせないのが「戦没者名簿」である。戦友たちがいつどこでどのように亡くなったのか、彼らの死を記録に残すことが供養のひとつであり、遺族に対する責任であると考えた帰還兵が少なくなかった。

実は、前作のNHKスペシャル「戦慄の記録 インパール」の取材においても、戦没者名簿を可能な限り収集、最終的に一万三五七七人の記録をあつめ、インパール作戦の実相を描くための分析を行った。だが、先述のように、インパール作戦を戦ったのは、主に第一五軍の部隊である。私たちは、北東部の雲南地方に展開していた第三三軍、南西部のアキャブ地方に展開していた第二八軍、首都ラングーンのビルマ方面軍に所属していた部隊の名簿を集めるため、全国を飛び回った。元兵士のほとんどが鬼籍に入っている中、収集は難航を極めたが、お話をうかがえた高齢の元兵士や元将兵のご遺族からお借りし、また護国神社や国会図書館、県立図書館などにも足を運んだ。スケジュールギリギリまで収集を続け、最終的に五万を超える「死の記録」を得た。そのうち、亡くなった場所や日時がわかったのは、三万五七九三人だった。

私たちは、専門業者の協力を得ながら、亡くなった日、亡くなった場所など、すべてをデジタルデータに変換した。しかし、亡くなった場所の地名は自らその位置を探さないといけない。ビルマの地名と場所を連隊史などで徹底的に調べ、時には、古い地図を探し、その地名の経度緯度を入力して、分析につなげた。この作業に二人がかりで二カ月を要した。最も知りたかったのが、「インパール後」の一年間でどれくらいの命が失われていたのか、ということだった。分析の結果、太平洋戦争開戦(一九四一年一二月八日)からインパール作戦中止(一九四四年七月二日)まで二年八カ月間の戦死者は八二四一名。これに対し、その後の一年間、即ち八月一五日の終戦までの戦死者は二万七五五二名だった。割合にすると実に八割ほどに上っていた。この割合を、厚労省の戦没者総数一六万七〇〇〇人に掛け合わせると、一二万九〇〇〇人が「インパール後」に亡くなっていたと推計されたのだ。

さらに、戦死者が集中している場所も浮かび上がった。一つ目が、ビルマ中部を流れる大河、イラワジ(現エーヤワディー)河の南岸のマンダレー及びメイクテーラ(現メイティーラ)周辺である。一九四五年初頭から三月に行われた、インパール後最大の戦い「イラワジ会戦」が行われた場所である。インパール作戦で勢いを得て南下するイギリス軍に対し、日本はインパール作戦で兵力が激減した第一五軍を中心に迎え撃った。

イラワジ会戦について、『戦史叢書　イラワジ会戦』では以下のように端的にまとめられている。

「イラワジ会戦では、一コ師団の担任正面が約八〇粁《キロ》〜一〇〇粁に及び、しかも師団戦力は、わずか三、〇〇〇〜四、〇〇〇名という寡弱さであった。まさに歩兵一コ聯隊をもって、東京から小田原、もしくは熱海にわたる間を作戦正面とするに等しかった。これでは、制空権を持ち、絶対優勢の砲兵、戦車を持つ連合軍に抗しようもなかった。方面軍の任務は戦略的持久であり、最悪の場合でも、泰国の前哨的地域を確保して、南方軍の総複郭(インドシナ半島)を防衛することであった。従って、原則的には過早の決戦を避けて戦力の温存を図り、粘り強く連合軍の進撃を阻止することが必要であった。しかし、方面軍は敢えて決戦に陥る危険を賭してイラワジ会戦を決行した。その結果、会戦は連合軍の思うままの経過を辿って展開し、各正面で日本軍の戦線が突破された。連合軍は、爾後その機動力と突破力を存分に発揮して、一気にラングーンまで突進したのである。方面軍は「最悪の場合全軍覆滅の悲運に会うことを覚悟」して、イラワジ会戦を指導したが、冷静に本会戦を観察すれば、その結末は「最悪の場合」ではなく「当然の帰結」のように思われる」

なぜインパール作戦に勝るとも劣らない無謀な作戦が展開されたのだろうか。

戦死者が集中していた二つ目の場所が、イラワジ河の東側をペグー(現バゴー)山系をはさんで平行するように流れるシッタン河の両岸である。イラワジ会戦よりもはるかに多くの戦死者が集中していた。

ここでは、一九四五年七月から終戦まで「シッタン作戦」が決行された。すでに五月に首都ラングーンはイギリス軍に奪還され、日本軍はタイ国方面に退却を続けていた。そうした中、ビルマ西部を防衛していた第二八軍は退路を断たれ、シッタン河西岸のペグー山系に立て籠ることになる。シッタン河東岸に渡るため、イギリス軍や反旗を翻したビルマ国軍が待ち構える敵陣地を、ほぼ徒手空拳で突破することを企図した作戦だった。

シッタン作戦について、『戦史叢書　シッタン・明号作戦』には次のように記されている。

「イラワジ会戦以来敗走を続けた方面軍諸隊は、トングー東方シャン高原の一角とシッタン河以東を含むビルマ南東隅に追い詰められた。この間第二十八軍は敵中に取り残されて孤立した。やがて雨季は最盛期に入り、諸河川は氾濫し、低地は一面の沼沢に変わった。敵中に孤立した第二十八軍はペグー山中に兵力を集中してシッタン河の突破脱出を準備した。軍は二カ月間山中にあって食糧の欠乏に苦しみ、この間栄養失調と悪疫のため多数の死亡者を出したが、七月下旬全軍十数個の突破縦隊に分かれて一斉にシッタン河目指して突進した。将兵は広大な冠水地帯を突破し、さらに濁流滔々《とうとう》たるシッタンの本流をそれぞれ一片の筏に身を托して渡河を敢行した。しかし、体力の極度に衰えている将兵の多くはその濁流を乗り切ることができず、水勢に呑まれて遠くマルタバン湾まで流されて行った。〔中略〕こうして第二十八軍がわが史上稀《まれ》に見る惨烈な突破作戦を決行し、ようやく第三十三軍の占領地域内に到着したころ終戦になった」

もはや作戦ともいえないような悲惨な作戦はなぜ行われたのだろうか。

インパール作戦後、一〇万以上の命が失われた「絶望」の戦場。その実相を、次章以降で詳しく紐解いていく。

第2章　大東亜共栄圏　同床異夢の大義

アウンサンの銅像（ピィ（旧プローム））

軍事クーデター後のミャンマーに入る

私たちがビルマの最後の一年の取材に奔走していた二〇二二年二月、ロシアによるウクライナへの軍事侵攻が始まった。本稿を執筆している二〇二三年四月時点でも、この戦争の終わりは全く見えていない。戦争は簡単に始まってしまうものの、終わらせるのは難しく、夥しい数の命が失われるのが常である。毎日のように耳にするロシアとウクライナのニュースに接する度、今後の世界の行く末を想像すると暗澹とした気持ちにならざるを得ない。

今回の番組における私たちの目的の一つは、インパール作戦後の日本軍の〝撤退〟戦を通して、戦争を終わらせることの難しさを見つめようというものだった。戦争を終える時、戦地はどのような地獄と化すのか、戦場を体験した人々の証言をできうる限り残しておきたかった。国内に健在の当時の日本の将兵だけでなく、当時のビルマでその光景を目撃した人々からも、できるだけ多くのことを聞いておきたかった。

かつての戦場となったビルマに行けるかどうか、その模索を始めたのは二〇二二年春のことだった。その年の夏の放送に向けた番組の提案が通り、制作チーム内で、真っ先に議論となったのがミャンマーでの現地ロケをどうするかであった。現地に今も残るであろう戦争の痕跡を伝えること、当時の大河や平原のイメージを伝える映像、そして何よりも当時の証言を聞くことにおいて現地での取材は重要だった。

しかしミャンマーは、軍によるクーデターから一年が経つ今も、混乱が続いている。軍と軍に反発する民主派との間で衝突が相次ぎ、激しさを増している。政情不安だけでなく、コロナ禍でもあるという逆風の中、現地ロケを行うことは、極めて困難であると思えたが、私たちは可能性を探り続けた。その高いハードルを越えることで、ビルマ戦の本質にたどり着けるのではと思えたからだ。

そのことを強く意識したのは、ある日本の将校が書き残した回想録を読んでいたからだ。当時のビルマの軍隊を指揮したビルマ国軍最高顧問の澤本理《さわもとり》吉郎《きちろう》元少将は、一九五五年(昭和三〇)八月、日本とビルマの人々との関わりを生々しく書き残した(「沢本理吉郎回想録」防衛研究所蔵)。

「日本軍に配属され、並んで戦斗しているビルマ軍の中に鉄帽のないものがあつたり、飯盒《はんごう》のないものがあつたり、食事に残飯腐肉を与うる日本軍部隊もあつたりした等のことから、ビルマ軍の日本軍に対する信頼感がだんだん薄れたことは真に残念であつた」

「一部では懸命に〔軍事訓練を〕教えていても、他の者がビルマ軍を蔑視し酷使し、戦友愛も示さずして唯これを利用せんとした結果は明かである」

澤本元少将は、ビルマ対策の失敗は、日本とビルマの同床異夢にあったと明確に書いていた。

「ビルマ人も大東亜建設や大東亜の共栄と云うことに共鳴するものと独りぎめしていたが、ビルマ人はそれよりも唯々ビルマ自身の独立を是庶幾しているのであつたのである。ビルマ軍顧問の否日本のビルマ対策の失敗の根本原因は此処にあつた」

さらに、今後への教訓として以下のように述懐している。

「由来日本軍は懸命に外国軍殊《こと》に支那軍を指導し乍《なが》ら其の心を捉え得ざる場合が多かつた。ビルマ軍に対する場合も其の一である。此の事は今後アジアの先進国として指導の立場に立つべき日本として大いに考えねばならぬことと思う。私の体験は、ビルマ軍に対する場合の一部分に過ぎないが、何等か参考になるものもあろうかと、敢えて醜き足跡を記して置こうと思う次第である」。

戦後しばらくして書かれたものとはいえ、日本が当時のビルマの人々とどのように向き合っていたかを示す内容として興味を持って読んだ。

現地で確かめたかったのは、終戦時の絶望的な現実のみならず、そこに至った日本とビルマの関係でもあった。そこに歴史から学ぶべき重要なことがあると思えた。

現地取材への模索

現地での撮影を実現するため、ヤンゴン在住のリサーチャー・J-SATの西垣充さんと連日連絡をとった。西垣さんは、二〇一七年に制作したNHKスペシャル「戦慄の記録 インパール」でも、当時も難しいとされていた様々な撮影を実現してくれた。西垣さんは、ミャンマーの人材と日系企業をつなぐ活動を行う傍ら、取材コーディネートの業務を続けている。「両国の発展に寄与することが私の使命です」と話すように、その目的のためならば困難な状況にあってもあらゆることで力を貸してくれた。

西垣さんから送られてくる現地の適確な情勢報告は、出張への大きな判断材料になった。日系企業は、すでに少しずつ現地での活動を再開し始めているという。そして、軍と民主派勢力との戦闘エリアに近付かなければ、安全を確保しながらロケを実現できる可能性があるという報告を受けていた。

一方で、緊張状態が続くミャンマーで、日本の放送局への取材ビザが下りるかは未知数だったが、西垣さんは、情報省に確認し、良好な感触を伝えてくれた。これまで西垣さんがミャンマーと日本両国のために果たしてきた貢献の重みを感じた。その後も、西垣さんはビザの申請から取得に至るまで、驚くほどスムーズに行ってくれた。

安全対策やコロナ対策など、海外出張の可否を判断する局内の委員会に申請する書類は一〇枚を超えた。結果的に、局内調整において、大きな力となったのは、ビザが取得できたこと、そして西垣さんが事前にリサーチしてくれたヤンゴンに今も健在のビルマ国軍元少尉など多くの証言が聞けるということであった。山﨑章由カメラマンと笠井清史ディレクターに出張の許可がおりたのは、放送まで残り三カ月を切った六月のことだった。


出張期間は、およそ三週間。日本への帰国予定は六月の下旬となった。出発の前日、スーツケースには、新型コロナウイルスへの感染対策としての大量の抗原検査キットや消毒薬を詰め込んだ。

翌日は、午前一一時の羽田発のフライト。ミャンマーへの直行便はいまだ就航しておらず、私たちは、タイのバンコク経由で向かうこととなった。バンコクでは、ミャンマーの航空会社の便に乗り換えるのだが、搭乗便が遅れて到着。その結果、ヤンゴン空港に到着したのは、現地時間で午後一一時を過ぎた頃だった。さらに空港では、入国に際してあらためて新型コロナの抗原検査が待っていた。ここで陽性にでもなれば、これまでの努力が水泡に帰す。一五分くらい待っただろうか、結果を知らせてくれるミャンマーの青年が、英語で「よい旅をしてください」と書かれたメモを見せてくれた。「これで、念願の入国が叶う」、同じ結果を受けたカメラマンの山﨑章由とともに、胸をなでおろした。

ヤンゴン空港には、西垣さんと通訳兼コーディネーターのチョーミエッウーさんが待っていてくれた。飛行機の遅れで三時間も待たせてしまっていたが、私たちのフライトの疲れを気にしてくれるなど、終始温かく迎えてくれた。何よりお二人の顔を見てほっとした。

一方で、安堵感とは別の緊張感もすぐに感じていた。軍関係者だろうか、銃を持つ人の姿もあった。今も戦闘が行われている国に来たという経験のない感覚だった。

その晩はすでに深夜になっていたので、西垣さんたちとの詳細な打ち合わせは翌日以降にして、ホテルへと急いだ。途中、ラングーン市内で最も有名な黄金の仏塔シュエダゴン・パゴダが美しくライトアップされていた。当時多くの日本の将兵がこれだけ遠く離れた国にきていたことに、改めて驚かされる。日本兵は、どのような思いでこのパゴダを見ていたのであろうか。そして、日本はこの地に何を求めて侵攻したのか。さらに、何を残したのか。そして、この土地の人々が、それをどのように思っていたのだろうか。

ホテルの部屋に荷物を置き、明日から始まる本格的な取材を前に、面会を予定している一人一人の情報を確認する。数日はヤンゴンにとどまり、かつてのビルマの軍隊で少尉をつとめた男性に取材を行う予定もあった。日本から持ってきた菓子や記念品などをスーツケースから取り出して小分けにしていく。日本との時差は二時間半、日本時間は早朝四時になろうとしていた。羽田空港を出発して、すでに一七時間が経っていた。

ビルマ国軍元少尉バティンさんとの出会い

日本で戦時中に作られたあるニュース映像が残っていた。それは日本軍がビルマに侵攻した一九四二年三月から間もない四月七日に上映されたもので、日本軍と協力するビルマの軍隊の姿が伝えられていた。「これは新しきビルマ建設に雄々しくも立ち上がったビルマ義勇軍の閲兵式であります」と勇ましく実況が付けられ、日本から提供された武器を構えるビルマの若者たちが紹介されていた。あるものは、懸命に銃を撃ち続けていた。

さらに実況は続く。

「五〇年にわたるイギリスの支配の下に、あえぎ苦しんでいた彼らは、敢然銃をとってこれら義勇軍を編成。我がビルマ作戦にあたっては常に皇軍に協力して、涙ぐましい活躍を続けてきたものであります」

日本が支援して作られたビルマ国軍。その士官学校に入学していた一人が、今回取材が許されたバティンさんだった。

バティンさんに初めて会ったのは、ヤンゴンに到着してから三日目だった。ヤンゴンの中心街から車で三〇分ほどのところにバティンさんは暮らしていた。住まいの近くには露天商が建ち並び、賑わいをみせている。日本人が珍しいという訳ではないだろうが、カメラ機材を抱えた私たちは地元の人々から好奇の目にさらされていた。バティンさんの家は四階建ての集合住宅の最上階。階段をのぼると、部屋の扉は開いていて、バティンさんの娘さんたちが、私たちを温かく迎えてくれた。

玄関から続くリビングルームに、バティンさんが笑みをうかべながら椅子に腰掛けていた。バティンさんは九六歳とのことだが、とても元気そうにみえる。日本からの取材に快く応じてくれたことに感謝を伝えると、「ありがとうございます」と、はっきりとした日本語で返してくれるほどだった。今は足腰が悪く、住宅にはエレベーターのないこともあって、外には出歩かないという。バティンさんは、軽い認知症の症状は出てきているものの、ビルマ戦当時の記憶は鮮明だという。私たちはビルマ滞在中、図々しくも三度バティンさんを訪問しインタビューを行うこととなる。それほどまでに当時の貴重な証言の数々を語ってくれたのだ。

バティンさんが挨拶の次に話した日本語は、意外なものだった。「天皇陛下万歳、天皇陛下万歳」。終戦から七七年が経ってもバティンさんがこの言葉を記憶していることからは、当時のビルマの士官学校でどれほどその言葉を日常的に聞いていたかがうかがえる。他にも、日本の軍歌までを覚えていて聞かせてくれた。

その歌は、ミャンマーの軍隊にも引き継がれていると話していた。どのような歌詞の内容なのかを聞くと、「血が流れるのを我慢しても国を守ろう」というものだという。

バティンさんは、日本語で「私は、ミンガラドン士官学校の生徒です」と、ビルマの陸軍士官学校

バティンさん

の三期生であることを話した。そして同期生の名簿を私たちに見せ、「同期にはセインルインもいます」と説明した。

セインルインは、一九六二年にネウインが軍事クーデターで政権の座についた時、ラングーンで起きた学生運動を鎮圧し徹底的な取締りを行い、以降、民主化運動を弾圧する強硬派と見なされるようになった。その後一九八八年には、わずかの期間だが独立後のビルマで六代目の大統領となった人物だ。当時、セインルインは一党独裁制を継続すると宣言したが、その後ビルマ国民の民主化を求める運動はより激しくなって失脚する。日本が支援して組織されたビルマ国軍のメンバーが、その後もビルマ、そしてミャンマーの人々に大きな影響力を示し続けていたことがうかがえた。

ビルマの悲願　イギリス植民地支配から脱したい

バティンさんが士官学校に入学したのは一九四四年、まだ彼が一七歳のときだった。ビルマ独立の実現を目指していた。

「当時はね、ビルマはまだ独立していませんでした。だから、士官学校で学んで独立に貢献したかったのです。日本軍が来る前の英国の統治下は、ミャンマー人の権利が全て奪われていて、何もできない状態だったのです」

当時のこうした状況下で、日本軍に期待を寄せていた。

「日本軍が入ってくると聞いて頼りにしていたよ。英国の統治下はもう嫌だから、日本軍を歓迎しましたよ」

バティンさんは、士官学校時代の厳しさについても語り出したが、その全てのことは独立を考えると耐えられたと言う。

「日本軍の指導は怖かったです。学校の中でも外でも教官におじぎをするのを忘れたらビンタされました。私たちは、どんなにひどい扱いを受けても独立のために我慢して耐え抜くんだと心に決めていました。よく覚えているのは、整列するときですよ。「並べ！」ていうときに遅れて来る人は必ずビンタされます。ある日の昼間、私はちょっと時間があると思って洗濯をしていました。その時、「整列」と言われて走ったけれども、遅れてしまいました。その時に何度も往復ビンタをされて、御飯も食べられなくなったんですよ。もう頬の中がぐちゃぐちゃになってしまって」

話は士官学校の粗末な食事に及んだ。

「食事もただ野菜をゆでただけの水煮しか食べさせてもらえずひどいものでした。独立の戦いのために、みんなでこのまずい食事を我慢して食べました」

日本軍への期待と同時に、失望も膨らんでいたという。士官学校の仲間には、何人か逃げた者もいたという。バティンさんは、単に日常的な粗末な食事に不満を言っていたわけではなかった。同じ士官学校にいた日本人との待遇の差を感じずにはいられなかったのだ。

私は、このバティンさんの言葉を、先述したビルマ国軍最高顧問であった澤本理吉郎の回想録に深く重なるものがあると感じながら聞いていた。

そしてバティンさんは、一九四四年一一月に行われた士官学校卒業式の時に聞いたビルマ軍のリーダー、アウンサンの言葉を今も覚えていた。

「アウンサンは、その時の世界の情勢、特にヨーロッパの事情を説明しました。「世界が不安定だから、我々は一致団結し、注意深く準備をしておかないといけない」と話しました」

アウンサンの言葉からは、世界情勢を見極めながら、絶えずビルマの独立を探っていたことがうかがえた。

この日の取材の最後、バティンさんは今も肌身離さず大切にしているものを見せてくれた。終戦直後、アウンサンからもらった表彰状だ。軍への貢献を称賛する表彰状には、アウンサン直筆のサインもあった。バティンさんは、アウンサンのもとで独立を果たしたいと考え、士官学校時代の厳しい状況にも耐え抜いた。

「アウンサンを信用し、心から尊敬もしていました。私たちと一緒に水でゆでた野菜だけの食事も食べてくれました。アウンサンは「日本軍のやり方に対して反抗心を持たないように」と言っていました」

バティンさんは、繰り返し次のように話した。

「アウンサン将軍以外の人物を誰もリーダーだと思っていません」

独立運動のリーダー、アウンサン

私たちは、バティンさんの取材の翌日、アウンサンの足跡をたどろうと、彼が戦前通っていたラングーン大学(現ヤンゴン大学)に向かった。大学施設は、高級住宅が建ち並ぶヤンゴン北西部の美しいヴィクトリア湖(現インヤ湖)近くにあった。「建国の父」と呼ばれるアウンサンは、ミャンマーの元国家顧問アウンサンスーチー氏の父親でもある。スーチー氏は、一九九一年には、度重なる弾圧にも屈せず、非暴力によって民主化を求め続けたとして、ノーベル平和賞を受賞している。

ラングーン大学は、戦時中にビルマ方面軍の司令部が置かれていた場所でもある。今も敷地の中には、当時の日本軍の病院や司令部の跡が残されていた。施設を案内してくれた考古学のイェトン教授は、「大学施設は空爆の標的になりづらいと考えた日本軍が、この土地に中核となる施設を置いたのではないでしょうか」と話していた。緑に囲まれた大学には、将校や兵士が水浴びをしたとされる場所や、壕のようなものが今も残っていた。

日本軍の痕跡を残す司令部跡地や病院などの建物の撮影は、想像を超えて時間がかかり、夕方になってしまった。そこで、私たちは幻想的な光景を目撃する。蛍が周辺を舞っていたのである。撮影しているカメラの周りに、集まってくるようにも感じられた。私たちは、かつてインパール作戦の取材の際、インドのサンジャックの近く、第三一師団歩兵第五八連隊の戦った戦場で同じ光景を目の当たりにしていた。それは、激戦地だった山中での出来事だった。下山が遅くなってしまい、不安な気持ちで山道を歩いている私たちに道を案内してくれるように、多くの蛍が乱舞していたのだ。戦争の犠牲者の魂を見るかのような思いをしたことを覚えている。今回の幻想的な蛍の姿もまた、私たちの訪問を見つめているように思えてならなかった。

アウンサンが通ったラングーン大学(現ヤンゴン大学)

アウンサンが使っていた寮の部屋が、大学の構内に当時のままに残されていた。一九一五年二月、ビルマ中部のマグウェに生まれたアウンサン。一九二八年、一三歳のときに愛国教育に力を入れていた国民学校に通い始め、成績優秀者に与えられる奨学金を獲得するほど勉強熱心な生徒だった。その後一九三三年に進学したのがラングーン大学だった(以下、本書における戦中のビルマやアウンサン等についての叙述は、根本敬「ビルマ抗日闘争の史的考察」、同『抵抗と協力のはざま』、同『ビルマ独立への道』に拠る)。

部屋には今も、アウンサンが使った机や、読んでいた本が一〇冊ほど残されていた。この部屋を管理するヤンゴン大学講師のソーリンウーさんが、熱く語ってくれた。

「ここは値打ちのつけられない場所です。アウンサン将軍はこの部屋にいて、これらの本を読んで、ミャンマーを独立に導くことになりました。ここがその起点だと思います」

アウンサンは一九三五年、大学三年生のときに大きな転機を迎える。仲間五人とラングーン大学学生同盟執行委員の選挙に立候補し、執行委員会の全役職を独占することに成功する。そして翌一九三六年、学長批判をした学生同盟議長の退学処分をきっかけに「学生ストライキ」を主導していく。アウンサンは、学生運動で注目を集める存在になっていった。ストライキ中にラングーン大学学生同盟を核とする全ビルマ学生同盟という全国組織が結成され、一九三八年初頭にはその議長に選ばれた。また、この間、ビルマの学生運動は激しい反英的主張で知られるナショナリスト団体のタキン党との関係も深めた。その後一九三八年、アウンサン自身もタキン党に入党し、直後に書記長に抜擢される。

アウンサンが暮らした部屋

ソーリンウーさんは、机に置かれた本を手に取って見せてくれた。「イギリスの植民地支配の仕組みを書いた本」については、「アウンサンは自分たちがいかに支配されているのかを学んでいたようです」と説明し、さらに、「共産主義」や「人間の道徳心」に関する本も取り出した。どれもビルマの独立を目指すために学んでいたものだという。アウンサンは共産主義者ではなかったものの、英国の植民地支配を打倒し独立するための有力な思想の一つとして、経済的平等を実現させようとする共産主義を評価していたという。

一九三九年九月、タキン党内の本部派といわれるグループが、ヨーロッパにおける第二次世界大戦の勃発を背景に新たな反英団体を結成する。ビルマの宗主国である英国がヒトラー率いるドイツの攻撃にさらされる事態が予想されたため、これを重大な歴史の転機と認識したアウンサンらは、「英国の危機はビルマの好機」を合言葉に、反英闘争の強化と植民地支配体制の打倒に力を入れるようになる。

しかし、当時の自治領内閣は反タキン党の姿勢を示し、英人総督の勧めに従ってビルマ防衛法という治安維持の法律を適用して、団体関係者の大量逮捕に乗り出した。このため、反英運動は挫折してしまい、アウンサン自身も警察から逮捕状を出される。タキン党は、そうした追い詰められた状況下で武装闘争を模索するようになっていく。

アウンサンと南機関

タキン党は、ひそかに海外からの武器支援を模索していた。中国国民党(蔣介石)、中国共産党(毛沢東)、そしてインド国民会議派(ガンディー、ネルーら)などと接触したが、いずれからも色よい返事はもらえなかった。

一九四〇年八月、アウンサンは中国共産党と改めて接触すべく、変装してビルマから中国のアモイへ向かった。しかし、中国共産党との接触は失敗し、日本が行政と警察権を有した市内の地区を歩いているときに、日本軍の憲兵に突然逮捕され、東京へ連行されてしまう。

この背後には、日本の軍人である鈴木敬司大佐の画策があった。鈴木は、謀略を担当する陸軍参謀本部の第二部八課に属していた。当時、米国や英国は重慶に首都を移していた中国国民党の蔣介石を支援するため、ビルマと中国を結ぶ物資輸送ルートを開通させ、鉄道とトラックを使って大量の物資を重慶に運んでいた。「援蔣ルート」である。日本軍はこれを封鎖したいと考えていた。

このルートを閉ざすための謀略の必要性を感じた鈴木大佐は、反英運動を展開するビルマ人ナショナリストとの接触を試みるため、一九四〇年六月、身分を隠して読売新聞社の南益世と名乗ってビルマに入る。そこでアウンサンが密出国してアモイにいることを知った鈴木大佐は、ただちにアウンサンを拘束したのだった。

一九四〇年一一月、飛行機で東京に連行されたアウンサンらは、日本に戻っていた鈴木大佐から羽田飛行場で出迎えを受ける。鈴木大佐は、しばらくアウンサンらに浜名湖付近の旅館などで休養をとらせ、その間に日本軍に協力するよう説得した。

ビルマにいたときから報道や本を通じて中国での日本軍の侵攻について知っていたアウンサンは、日本軍と手を結ぶことを躊躇した。また、鈴木大佐が「日本のやり方だ」と称して若い女性をあてがおうとしたり、当時の日本の植民地だった朝鮮半島の出身者に侮蔑的なしぐさをしたりするのを見て、不快な思いを感じていた。

しかし、ビルマの独立運動を武装闘争の段階に進ませるためには、日本しか頼れる相手がいないことも事実だった。アウンサンは迷った末、最後は鈴木大佐の提案に同意した。アウンサンは、のちに次のように語っている。

「独立達成のため、何よりも必要なのはイギリスに対抗できる強い軍事力を持つことである。我々はドイツやイタリアのような強い軍隊を作らなければならない。そのためには日本の協力が是非とも必要なのである」(Blue Print for Burma)

日本は大東亜共栄圏の建設のため、アウンサンはイギリスからの独立のため、別の目的で手を握っていく。

鈴木大佐はその後、参謀本部への説得を続けるとともに、海軍とも共同で一九四一年二月に大本営直属のビルマ謀略機関を設置することに成功し、自ら機関長に就任する。機関は「南機関」と呼ばれた。

南機関は、ビルマの反英ナショナリストたちがビルマ国内で武装闘争を展開して親日政権を樹立できるよう、水面下で支援・訓練した。南機関はビルマ人青年三〇人を極秘に、当時日本の占領下にあった中国・海南島に脱出させ、軍事教練を行った。現在ミャンマーで「独立三〇人の志士」と呼ばれ、伝説的存在となった青年たちの教官役を務めたのが、陸軍中野学校出身の南機関員で当時二三歳の泉《いずみ》谷《や》達郎《たつろう》中尉だった。

私たちは、一九九七年に亡くなった泉谷元中尉の家族、娘の江美さんに話を聞くことができた。

江美さんは、父親の達郎さんが、一九八七年(昭和六二)に書いた私家版の回想録「南機関の思い出」

を見せてくれた。泉谷さんは、独立を目指す若い志士たちを訓練する、いくつかの班の中の班長であったという。回想録には、「南機関」の役割はビルマの独立を導くことにもあったと書かれていた。

「南機関は陸軍大佐鈴木敬司氏を長とし、ビルマ独立運動支援のための工作機関で、陸海軍共同で実施する昭和一六年二月一日編成された特務機関である。当時日本は支那事変の早期終えんを企画し、各種の手段を講じていたが、そのうちの一つとして、ビルマルート、重慶への援蒋ルート、月間一万トンにも及ぶ遮断が検討されたのである。その偵察のため参謀本部より鈴木大佐が派遣され、同国で反英独立の運動をしているタキン党との接触に成功し、彼らへの援助、武器資金の供与によって、ビルマ国内に暴動を起こし、独立運動を達成させることによって、同ルートの遮断の成功が第一の任務であった。海南島訓練班は、ビルマより脱出してきた青年志士に兵器の取扱いと戦闘法を教育した。そして時期至れば、彼らとともに陸海空路よりビルマに潜入し、反英運動を起こし、彼らを成功に導くことを使命としていた。したがって防諜のため、兵器も支那戦線で押収した兵器を主とし、訓練もそれら兵器、実弾をもって実施された。そのため常に、実戦さながらの訓練で脱出してきたビルマの志士も私たち教員も一心同体となり、強く心が結ばれていった。結局三〇名の青年が死線を越えて密出国に成功し訓練を受けたが、その中には戦後建国の父とビルマ全国民より敬愛されているオンサン〔アウンサン〕将軍、またオンサンの遺志を継ぎ、ビルマ中興の指導者として国民より畏敬されているネ・ウイン将軍もおり、現在もなお日本と同国の親善が保たれている基となったのである」

海南島での軍事訓練は、日本軍が通常なら二年かけて行う新兵向けの内容を三カ月程度に圧縮したものであった。短期集中での養成となったことについて江美さんは、次のような父親の言葉を記憶している。

「何しろ短期間でいろんなことを教えてあげなければならないっていうことで、かなり強硬な訓練というか、そういう日々だったようですが、やっぱり志が大きい三〇人の方たちというのは、しっかりそれを自覚して、頑張ろうっていう独立の意志がとっても強かったんじゃないかっていうことを言ってましたね。それで耐えられたんじゃないか」

そして、アウンサンへの印象についても、達郎さんは語っていたという。

「リーダーになる素質を持った大変優秀な方だったということを話していましたね。やっぱり熱意がとっても強かったとか、覚えが早かったとか、それから人柄としても一緒に来た方たちから、みんなに尊敬されるような部分っていうのがあったんじゃないかなと」

日本軍統治下でのビルマ国防軍（BDA）の創設

アウンサンたちには英国からビルマを独立させたいという強い気持ちがあったため、訓練が厳しいことに不満はなかった。日本人の教官との間に深い絆が生まれたことも事実であった。しかし一九四一年一二月に日本と米英が戦闘状態に入ると、謀略でビルマに介入する必要性は薄れ、英国が統治するビルマに直接侵攻する作戦が企図されるようになる。

鈴木大佐は、サイゴンにあった南方軍総司令部の幹部らを説得し、海南島で訓練をしたアウンサンらビルマの青年を中心にビルマ独立義勇軍（BIA）という新しい軍隊を結成する許可を得る。鈴木大佐はこの時ＢＩＡについて、南方軍と第一五軍に対しては、あくまでも日本軍を補助する現地の義勇軍と説明し、ビルマ人将兵に対しては、ビルマ独立を達成するためのビルマ人の軍隊という説明を行った。それぞれ別の目的を説明していたことになる。

ＢＩＡは一二月二八日にタイのバンコクで発足し、一九四二年一月からビルマに向けて進軍、途中で兵員を増やしながら英印軍と植民地にあったビルマの軍隊に対する戦闘に入った。アウンサンはビルマ人メンバーのなかではトップとなる少将の地位を与えられ、司令部に配属されたが、ＢＩＡそのものは、鈴木大佐を中心とする南機関の日本人幹部たちの強力な指導下におかれていた。その後、ＢＩＡはラングーンに入ったが、独立宣言が許される状況にはなかった。ＢＩＡは、日本軍のビルマ侵攻を補助する現地の人々による「ボランティアの軍」にすぎない扱いだった。

アウンサンと日本軍との軋轢は徐々に深まっていく。しかし、日本軍に反旗を翻しても展望が見えないことは火を見るより明らかだった。鈴木大佐自身も、ＢＩＡが強く求めるビルマ独立宣言をめぐって日本軍と交渉するもののうまくいかず、立場的に追い詰められていく。

アウンサンは結局、日本と組むことの危険性を自覚しつつも、日本に対する「抵抗と協力のはざま」に立って行動することとなる。ＢＩＡは、一九四二年三月から開始された日本軍四個師団によるビルマ中央部に向けた英印軍の駆逐作戦にも参加した。この時点でＢＩＡの兵員規模は一万人を超えており、アウンサンにとっては実戦経験を積ませることがその力量を高めることになるという判断があった。また、この作戦のあいだに、各地のタキン党員は、進出してきたＢＩＡの各部隊と共に、植民地軍が撤退した権力の空白地帯に独自のビルマ人行政組織を結成した。

しかし、一九四二年六月に日本軍がビルマ全土に軍政を布告すると、それらは解散させられ、アウンサンの日本軍に対する疑念はいっそう強まった。南機関は廃止となり、鈴木大佐も留守近衛師団附となって帰国した。

日本軍による軍政布告後、BIAは規模を二八〇〇人程度に縮小させられ、ビルマ国防軍（BDA）として新たに編制される。BDAは、日本軍の監視を受ける第一五軍司令部隷属の軍として位置づけられた。BIA時代は少将だったアウンサンが大佐に「降格」となった上で、最高司令官に就任した。泉谷元中尉も、南機関の解散に伴い、ビルマで違う任務についた。しかしアウンサンは、軍事訓練を施してくれたことへの感謝の気持ちから、南機関の将校たちとのつながりは大切にしていたという。

ミャンマーの人々に刻まれた日本軍の記憶

一九四二年三月、日本軍は、タイから国境を越え、モールメン（現モーラミャイン）を経てラングーン（現ヤンゴン）の北東八〇キロほどの都市ペグー（現バゴー）に侵攻した。その時の状況を知る八七歳の男性が、今もヤンゴンに暮らしているという。ヤンゴンで予定していた取材の最終日に、この男性、ミャタンさんとの面会を決めていた。当時のことを聞ける方が多くご健在なことにあらためて驚きを覚える。

ミャタンさんの自宅近くに到着すると、突然豪雨に見舞われた。当時、日本軍を苦しめた雨季も本格的になってきたかに見えた。一軒家のご自宅に伺うと、ミャタンさんが私たちを玄関先まで出迎えてくれた。戦後は地質学者としてミャンマー政府の石油と天然ガス事業に一九九六年まで勤め、今は妻と娘そして孫と共に暮らしている。ミャタンさんから受ける明晰な印象は、その経歴からもうなずける。

私たちは、まず日本軍が来たときのことをうかがった。ミャタンさんは当時、ペグーで暮らしており、日本軍がモールメンからペグーを通ってラングーンに向かっていることを聞き、ペグーから北に二五マイルほどのレコクウィン村にいる親戚ターミャットさんの家に避難したという。

「南から日本兵がやって来るという噂は早くから聞いていました。私たちも、お父さん、お母さんとおばあさん、きょうだいでレコクウィン村に逃げ、四、五カ月避難していました。レコクウィンに着いて二カ月ぐらいしてから、日本軍がシッタン河沿いに堤防を歩いて来たんです。

日本軍はレコクウィン村の全部の家に泊まりました。小さい家には四、五人、大きい家には二〇名入ってきたんです。日本兵と一緒に四、五日生活しましたが、みんな規則正しく敷地から一歩も出ませんでした。印象に残ったのは、井戸水を機械に通してきれいにしてから飲んでいたことです。御飯は飯盒というものに入れて炊いていました。ただ砂糖は袋で持ってきているのか、たくさん使っていましたね」

さらに、当時の出来事を話し続けた。

「私たちの泊っている家の前には二〇メートル四方ぐらいの大きい小屋があり、そこに日本兵二〇名が入りましたが、私たちの家には上がってきませんでした。家の裏にある米の倉庫にも行かない。私のお姉さんは一六歳だったので心配した私たちは姉を米の倉庫に隠したんです。

ミャタンさん

日本兵が来たら怖いですよ。でも日本兵は何も害を与えませんでした。死んだりけがしたりした人は誰もいません。せいぜい鍋を貸してくれというぐらいでした。彼らは敵対心を持っていませんでした」

ミャタンさんは、大勢の日本軍がその村で何かを待っていたようだと記憶していた。

「日本の部隊は一〇〇〇名以上いたと思います。すでにペグーに入っていたティンマウン中尉が率いるＢＩＡから連絡がくるまで、レコクウィン村で待っていたんです。四、五日いたあと、連絡がとれたといって、日本軍はペグーのほうに行きました」

このミャタンさんの話は、非常に重要な内容だった。アウンサンをトップとするＢＩＡが日本軍のビルマ侵攻の尖兵をつとめていたことがうかがえるのだ。日本軍は、ＢＩＡのおかげで速やかにビルマ侵攻が果たせたことが推察できる。

一方で、日本軍の侵攻によってイギリス軍からの攻撃が始まり、ビルマは戦場と化していく。ミャタンさんや家族も翻弄されていった。

「村の近くには車が通る国道があって、その国道に沿って毎日二、三回は黒い大きい飛行機が飛んできました。一〇〇メートルから二〇〇メートルぐらいの高さから、機関銃で日本兵を撃つんです。狙いは日本兵だけど、飛行機の音が聞こえたら、巻き添えにされたくないから、みんなで遠くに逃げて隠れました」

日本軍は村の近くの国道を通って、断続的にラングーンへと向かっていたようだ。

日本軍がペグーに侵攻して間もなく、ミャタンさんは、家族とともに故郷のペグーに戻った。

「日本軍がペグーを占領した後、治安も徐々によくなってきているという話を聞いて、ペグーの家に戻りました。牛車に乗って帰ったのを覚えています。ペグーには、日本兵があちこちにいました。ＢＩＡ軍もいました。本当に治安はよくなっていました」

日本軍の侵攻時、ラングーンに住んでいた当時一二歳のターターさん(九二)も、その頃の様子を記憶していた。ターターさんも、日本軍が来る前にラングーンからの避難を余儀なくされていた。

「アウンサン将軍が日本軍を連れてきたのよ。そこで私たちはラングーンから逃げたんです。戦争のやり方を教えてくれたのは日本人だったそうです。ゲリラ戦とか、ビルマ人が知らない戦争の技術を教えてくれたそうです」

ターターさんは、戦争のせいで中学二年までしか学校に行けなかったという。戦争は、ビルマの人々の人生に暗い影を落としていく。

ターターさんも、日本の軍政が始まったことで治安の変化を感じていた。

「いい面もありましたよ。日本軍が入ってきてよかったのは泥棒がいなくなったことです。泥棒を捕まえたら爪を抜いてそこにお湯をかけるんです。だから怖くて泥棒がいなくなったんです」

現地で取材をしていると、「ケンペイタイ（憲兵隊）」という言葉を何度も聞いた。どれほど恐れられた存在だったのだろうか。

ラングーンから北東に一六〇キロ離れた村、ニュアンレビン（現ニャウンレビン）。ラングーンを攻略した日本軍が敗走するイギリス軍を追って北上し、ビルマ全土を侵攻する際の重要な拠点だった。この村に暮らすミィンミィンカインさん（八九）は、村に新たに作られた日本語学校で習った歌を今も覚えていた。

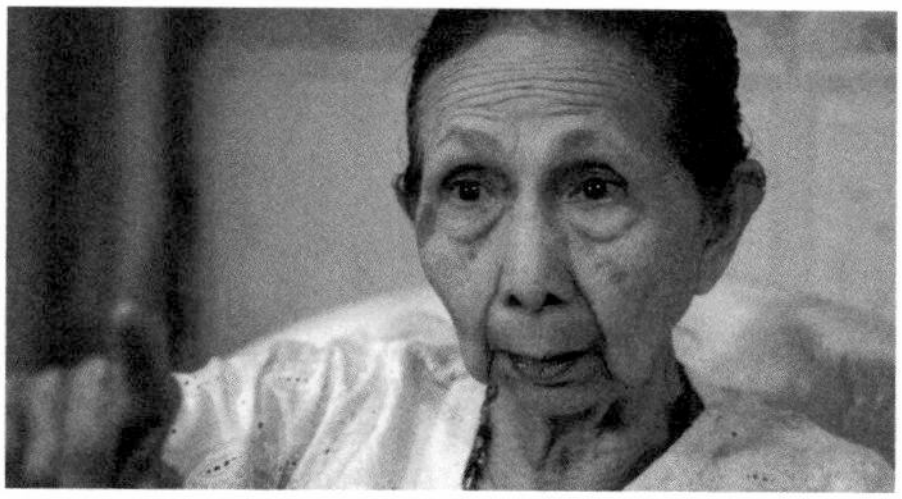

ターターさん

「夕焼け小焼けで日が暮れて　山のお寺の鐘が鳴る」から始まり、最後まで歌い通してくれた。その歌詞の内容は完璧であった。

「教室の一番前の椅子に上って私が歌い、ほかの生徒も一緒に合唱した歌です」

イギリス人が撤退する時に家を焼かれてしまったため、日本軍の憲兵隊の事務所の隣にあった家に引っ越したという。当時、ミィンミィンカインさんら家族は日本を歓迎していたという。

「イギリス軍はビルマからいなくなるとき私たちの家を燃やしたんです。うちに来ていた日本人が私やお姉さんたちをよくナンパしていました。折り紙を見せたり鉛筆や消しゴムをくれたりしました。うれしかったですよ。私は、日本語教室に入りました。日本の歌や踊りも

ミィンミィンカインさん

教えてくれるから、それも覚えました。私は、頬が真っ赤で、細い目だったから、かわいい子供だったんでしょうね。結構かわいがってもらいました」

ミィンミィンカインさんの言葉からは、当時の日本兵との交流も垣間見えた。

「我々に日本語を教えてくれた日本兵の先生は、もともとは学校の教師だと言っていました。ほかに銀行の職員もいた。すごく礼儀正しかった。銀行の職員は憲兵隊の一人です。隣の家なので、柵をくぐってしょっちゅう来るんですよ」

何度も会話をしていくうちに、その憲兵隊員は本音を吐露していったという。

「彼は『軍隊に入隊しなければならないという命令が来た。私は戦いたくないけど仕方なかった。私が得意なのは、お金を作ることなんです』と言って、軍票を刷ってみせてくれました。日本兵は乱暴だと聞いていたのですが、その二人はすごく礼儀正しくて安心したんです」

ビルマ独立に積極的に関わろうとして、日本軍とともに行動したミィンミィンカインさんの家族もいたという。

「日本がミャンマーを統治しているときに、私のお姉さんの旦那さんが日本に行ったの。アウンサン将軍たち三〇名の志士の第一波に続く第二波として行ったと聞いています。大学生だった彼は、学生組織から選ばれて参加したそうです」

日本の士官学校に留学していたのだろうか。日本軍の侵攻によって、多くの地域に暮らすビルマの人々の運命が大きく変わっていくさまが見て取れた。

最後にミィンミィンカインさんが言った言葉が忘れられない。

「誰と誰が戦おうが、戦争は大嫌いです。ミャンマーは今も内戦で我々は身動きがとれない。あれをやるな、これをやるな、あっちに行くな、こっちに行くなと言われる」

穏やかだった表情が、一瞬厳しくなり、その言葉は深く心に刺さった。しかし、再び優しい笑顔で、こう話した。日本語学校の先生から日本の風景についても教えられていたという。

「私も一度は自分の目で富士山を見たいです。戦争は嫌いだけど、日本にはいい人がたくさんいると思うので、日本には行ってみたいですね」

ラングーンに侵攻した後、日本軍は、マンダレー攻略のためイラワジ河に沿って北上を続けた。一九四二年四月には、ビルマ最大のエナンジョン(現イエナンジョン)油田に到達。しかし撤退したイギリス軍によって、油田は焦土と化していた。五月二七日の「日本ニュース」は、日本軍のエナンジョン油田侵攻を伝えている。

「連合軍は、敵し難しと見るや、卑怯にも得意の焦土戦術に出ました。ビルマにおける石油産額の約四〇パーセントを占めるエナンジョンは、敗残の敵兵を呪うがごとく燃え続けている」

今もイエナンジョンに暮らす九一歳のエーマさんは、エナンジョン油田をめぐるイギリスと日本の

エーマさん

攻防を覚えていた。

「日本軍は油田目当てでここを攻めてきました。イギリス軍はインドに逃げるときに、油田で働いていたビルマ人たちも一緒に連れていき、油田をダイナマイトや地雷などで壊したんです。日本軍に使われたくなかったからでしょう」

エナンジョン油田の近くに暮らしていた九八歳のカンミィさんの脳裏にも、八〇年前の光景が焼き付いていた。

「石油のタンクが燃えるのがうちの村からも見えました。空が真っ赤になっていました」

取材では、ビルマで獲得した石油を日本に送ったという話は聞かなかった。ビルマ戦線で、ガソリンなどに使ったと考えられる。イギリスが敷設していたラングーンまでの石油輸送管などに修復を加えながら利用していたという。

「日本兵は、イギリスの石油会社が逃げたあとも残ったビルマ人と一緒に、日本軍の車などに使うためのガソリンをつくりました。ビルマ人は一〇〇〇人ぐらいはいたと思います。給料は払われていたようです」

しかし、住民の生活は決して楽にはならなかったようだ。

「イギリスと日本の石油の奪い合いでした。私たちは衣食住にも事欠き、移動手段もなく、困り果てていました」

統治するのはイギリスから日本に代わったものの、住民の不満はむしろ高まっていくように思えた。

強いられた「協力」

この章の最後に、書いておきたいことがある。「大東亜共栄圏に協力したビルマの人々」とは違う、強制的に協力を求められた人々の存在だ。ヤンゴンから北に五〇〇キロ離れたメイティーラ(メイクテーラ)近隣のシャンテ村に住むシュエマウンさん(八七)の証言は、それらを克明に物語る。

カンミィさん

シュエマウンさんには、自宅の庭の東屋でお話をきいた。東屋の壁には、アウンサン将軍の写真が貼られていた。ビルマ独立に貢献したアウンサンを尊敬する人は今も多く、こうした光景は至る所で見た。

シュエマウンさんは、村長だったおじさんの家に日本軍が来たときのことを鮮明に覚えていた。

「日本兵は自分のことを「マスター」と呼ぶようにと言っていました。彼らはメイクテーラの近くに分かれて住んでいました」

日本軍はメイクテーラ中心部から北東に一〇キロほどのシャンテ村に空港を新設するための労働者を村に要求した。

「木を伐採して空港を造るために、たくさんの村人と牛車が集められました。人が多くて祭りのようでした。村人は村長の命令で一〇人

シュエマウンさん

組に分けられて、夜の当番や昼の当番に出なければいけませんでした。逆らう人は、日本兵にたたかれていました。労賃は日本軍の軍票で、男の人は一ルピー、女の人は〇・七五ルピーでした」

まだ少年だったシュエマウンさんは、その光景を家の窓から目撃していた。

「大勢の人と牛車が働いているのを窓からずっと見ていました。昼も夜も工事をやっていたので空港は五カ月で完成したんです。工事が終わったら、空港の敷地に入っている三つの村が強制的に引っ越しをさせられました」

この空港建設に伴い、シュエマウンさんも現在の住まいに移転することになったという。

このシャンテ村の空港の建設事業に直接従事した女性にも話を聞くことができた。九三歳のハンティンさん。現地の人々は老若男女を問わず、日本軍への協力を求められていた。

「村では、油も塩も入っていない、ゆでただけのものを食べていました。米が手に入らないから牛の餌用に作っているモロコシを人間が食べていました。着るものも無かった。木綿で作ったざらざらの服を、数が足りないのでみんなで分け合って使っていました。

私は請負人のビルマ人に頼まれて月に一〇日間働きました。報酬は米と食料油という話でした。村人の大半は怖いから行かないと言ったけど、私は米と油が欲しいからついていった。飛行機を隠す小屋を造った後、その小屋の屋根に草を盛って、草で埋め尽くしてくれと頼まれました。空から見たら草に見えるようにということね。飛行機の分解作業もやらされました。男の人たちが分解して、私たち女は分解した部品をガソリンできれいに洗いました」

そしてハンティンさんは辛い出来事についても重い口を開いた。

「女性たちが日本兵に手を引っ張られて、連れていかれたこともありました」

ハンティンさん

日本軍の要求は、空港建設への協力だけでなく、「徴兵」や、遠く離れた泰緬鉄道建設への労働者の提供にまで及んでいく。日本軍への協力は「血の部隊」、労働の提供は「汗の部隊」と呼ばれていた。村長だったシュエマウンさんのおじは、日本軍からの協力要請に翻弄されていたという。ビルマの人々は泰緬鉄道のビルマ側の起点となったタンビザヤ(現タンビュザヤ)に集められた。

「タンビザヤで泰緬鉄道を造る汗の部隊には毎月一人、血の部隊には半年に一人を送らなければいけませんでした。血の部隊の人は健康診断も受けさせられました。私のおじは村長だから、そういう人たちを集めさせられました。もし村の中で人が見つからない場合は、ほかの村の人にお金を払って連れてこなければならなかったんです」

シュエマウンさんは、村から送られた汗の部隊の労働者が悲惨な状況に置かれていたことも記憶していた。

「誰一人戻ってきませんでした。多くの人がマラリアにかかって、おなかが膨らんで死んだという話を聞きました。誰も行きたくなかったけど、行きたくない人の代わりにお金をもらって行く人もいました」

泰緬鉄道が完成するまでの二年間、汗の部隊は送り続けられていたという。

血の部隊の徴集は、インパール作戦が行われた一九四四年頃から始まったと記憶していた。しかし日本軍は、あくまでビルマの人々を警護としてのみ考えていたという。ビルマの軍隊の拡大をおそれ、武器を持たせようとしない、日本軍の警戒感があったと見られる。

「夜、日本兵が銃を持ってパトロールするときに、血の部隊の人は竹やりを持って同行する。ビルマ人には本当の銃は持たせないんですね」

日本軍の侵攻後、ビルマの人々はイギリスの植民地時代とは違う新たな統治の波に呑み込まれていった。私たちはそのことを、現地の人々の詳細な記憶からまざまざと感じていた。

第3章　繰り返される無謀な戦い　イラワジ会戦

イラワジ河

インパール後の作戦指導の中心人物　田中新一参謀長

インパール作戦が失敗に終わった一九四四年七月頃、サイパン、グアム、テニアンの各守備隊が玉砕した。日本の中部太平洋上における絶対防衛圏は突破され、中国・成都の米空軍基地を飛び立ったB29によって日本本土への空襲が始まった。七月二一日、大本営はマリアナ失陥を鑑み、フィリピン、台湾、本土、千島にわたる東面第一線を新たな国防要域として、戦力を結集して決戦することを企図した。この作戦は「捷号作戦」と呼ばれた。

ビルマの戦略的地位は、すでに大本営の作戦指導に直結する政戦略上の積極的な意義を失い、タイ、マレー、インドシナ半島の西域の「防壁」の役割を果たすに過ぎないものになっていた。マレー半島やシンガポール方向に侵攻しようとする英印軍を阻止することが、唯一の価値となっていたのである。

ビルマ方面軍は、すでに第一五軍の戦力の過半が失われ、第三三軍は雲南方面で死闘を続けていたが、劣勢は明らかであった。物資の輸送体制についても、連合軍が完全に制空権を支配するなか、ほとんど麻痺状態にある鉄道とわずかに残存する自動車部隊で広範な領域への対応を余儀なくされていた。さらに、タイ方面から物資を送る泰緬鉄道は、昼夜分かたぬ連合軍の爆撃でその輸送能力は極度に低下し、海上輸送もかろうじて沿岸輸送を行えるのみとなっていた。

大本営と南方軍は、ビルマ方面軍の現在の実力から見て、これまで重視してきた援蔣ルートの遮断という任務がすでに限界に達しているものと判断。ラングーン、マンダレーを中心とした南部ビルマの防衛を新たな任務とした。

こうした全体状況の中、ビルマ方面軍は、司令官や参謀が軒並み更迭され、新たな指導者に難局の打開が託された。その中心人物となったのが、方面軍のナンバー2である参謀長に着任した田中新一中将である。陸軍のエリート中のエリートだった田中の「輝かしい」軍歴を辿っておきたい。

田中は、北海道釧路で生まれ、一九二三年に陸軍大学校を卒業（三五期）、陸軍中堅幕僚グループ「一夕会《いっせきかい》」に所属した。永田《ながた》鉄山《てつざん》らが立ち上げた一夕会は、当時旧長州藩出身者が要職を独占していた陸軍の人事を刷新することや、満蒙問題を武力で解決することなどを目指した組織であり、彼らは統制派と呼ばれた。メンバーには、東條英機、石原莞爾《いしはらかんじ》らが所属し陸軍の中核をなしていくとともに、満洲事変や日中戦争など、太平洋戦争への潮流を生み出していった。

田中新一中将（提供：共同通信社）

一九三七年七月、盧溝橋事件が発生したとき、陸軍省軍務局軍事課長だった田中は、参謀本部作戦課長だった武藤章《むとうあきら》とともに、対中強硬路線を主張。石原莞爾参謀本部作戦部長らは不拡大方針だったが、田中や武藤が押し切り戦線を拡大していった。結果として、日本は日中戦争の泥沼にはまり込んでいったのである。

一九四〇年一〇月、田中は参謀本部作戦部長に就任した。自ら「支那事変処理要綱」を起案し、日中戦争の対応方針をまとめた。その基本方針は、英米の蔣介石支援を絶ち、対ソ外交など、あらゆる手段によって蔣介石の重慶政権を屈服させるというものだった。戦後の回想録によれば、当時田中は「支那事変そのもののみを取り上げて解決すべき望みは、ほとんど絶えた。支那事変の解決は、ただ欧亜を総合した国際大変局(世界大戦)の一環としてのみ、これを期待することができる」(「田中新一中将回想録」防衛研究所蔵)と考えていた。

そして、第二次世界大戦が欧州で勃発すると、「国防の自主独立性の確立」のためには、軍需資源の自給自足が必要だとの考えから、東アジア、東南アジアを包摂する大東亜共栄圏の建設が必須だと田中は考えた。ドイツのイギリス攻略を機に、南方への武力行使によって東南アジアを日本の勢力圏下に置くことも構想していた。

一九四一年一〇月に東條英機内閣が成立。当初日本は対米交渉を続け、できる限り戦争を回避する道が模索された。だが、田中はここでも交渉中止と開戦を強硬に主張した。日本が大東亜共栄圏の建設を貫徹しようとすれば、アメリカの門戸開放政策と衝突せざるを得ない。しかも、南方のイギリス植民地攻略にも、イギリスの崩壊を阻止するためアメリカは介入してくるだろう。したがっていずれにしても対米戦は不可避である、それが田中の結論だった。なお、それまで思いを共にしてきた武藤章軍務局長とは、対米開戦の賛否で鋭く対立した。日本が戦争の扉を開く道筋の先頭で、強硬路線の旗を振り続けていたのが田中新一だったのである。

かくして、真珠湾攻撃から太平洋戦争に突入した日本だったが、強気の戦略はすぐに瓦解。ミッドウェー海戦の惨敗とガダルカナル攻防戦の失敗で劣勢に転じた。このガダルカナル島の作戦をめぐって、田中は東條首相と衝突する。ガダルカナル奪還のため、大幅な戦力集中と五五万トンに及ぶ民間船舶の増援計画を立て、陸軍省と折衝にあたるも退けられてしまったのだ。翌日には首相官邸に乗り込み、消極的判断をした東條首相を「馬鹿野郎」と面罵する暴挙にでた。これが原因となって作戦部長を罷免され、遂に軍中央から外れ、南方軍総司令部附としてシンガポールに左遷されたのである。

一九四三年三月、田中は第一八師団の師団長に任じられ、ビルマの地を踏んだ。ビルマ北東部で、アメリカ軍に支援された中国軍との激しい戦闘を指揮した後、ビルマ方面軍参謀長に着任した。参謀本部の中枢で大東亜共栄圏を構想していた人物が、すでに中央から顧みられなくなった共栄圏の辺境、ビルマ戦の責を担うのは歴史の皮肉であった。

田中の軍歴からは強硬派としての「思想」が見えてくる。一方、性格や人柄はどうだったのだろうか。第1章でも紹介した通り、戦記作家・高木俊朗の「高木資料」には、ビルマ方面軍の参謀らから聞き取った田中参謀長の人となりが記されていた。

「身長五尺一、二寸。ずんぐりとした短軀、赤ら顔、西郷の様な顔で目がぎょろぎょろしていたが、ヒッヒッと笑うとかわいい顔になった。性質は、剛腹果断、研究心旺盛、内心がわからないほどしばしばいがうまい。よく「いかん、我が輩はそうは思わん！」と部下を怒鳴りつけた。判をもらいに行くと、同意の時はまっすぐに押し、まあまあ通すという時は斜め、不同意だが仕方がないという時は逆さに押すことにしていた。部屋にいる時は、地図を広げ、兵棋のコマ(金属製のものをわざわざ作らせた)をおいて、日の丸の扇をもって動かし研究をしていた。田中は、「戦史の教訓にもとづき、悲惨な時ほど強硬に押さねばならない、こちらが苦しい時は、向こうも苦しい。だから押すのが将のつとめだ」という考えがあった」

外見と性格、作戦指導ともに押しの一手で統一されていたようである。

イラワジ河で英軍を迎え撃つ強気の作戦

インパール後の作戦立案に取り組むにあたり、田中参謀長がこだわったのが「強力統帥」だった。就任直後、上司である木村兵太郎司令官に次のような意見具申を行った。「インパール作戦では、方面軍の隷下軍に対する統率が、いささか放漫に流れたきらいがあるので、軟弱統率を廃して軍紀を厳正にし、軍(特に第一五軍)および師団に対し強力統帥を行う必要がある」というものだった。インパール作戦の失敗は、作戦が無謀だったからではなく、統率が足りず、師団長の離反を招いたことが原因だと田中参謀長は分析していたのである。

具体的な作戦については、持ち前の強気の方針を貫こうとした。「徒《いたずら》に消極防守に沈滞することなく、機会を捕らえて積極攻撃によって、戦略的守勢の任務を戦略的攻勢によって解決すべき努力が是非必要であるとおもう」(「緬甸方面軍参謀長回想録」防衛研究所蔵)という認識のもと立案されたのが、ビルマ中部のイラワジ河で南下するイギリス軍を迎え撃つ「イラワジ会戦」、通称「盤作戦」である。

インパール作戦敗北後、第一五軍は南への撤退作戦を続けてきた。順調に進展すれば、イラワジ河畔における戦略展開を完了し、翌年一月末までには、おおむね一万名の師団に再建し、新しい体制を構築しうると田中参謀長は見込んでいた。さらに、方面軍予備たる第二師団および第四九師団を投入し、第三三軍や第二八軍からも可能な限り戦力を投入する。イラワジ河という自然の障害物も利用しつつ、敵の進軍を止めることが可能であるというのが、田中参謀長の青写真だった。

イラワジ会戦の作戦構想について、現場の将兵はどう受け止めていたのだろうか。「高木資料」の中には、前線で戦った将校の音声テープが残されている。第一五軍第三三師団作戦参謀の三浦祐造少佐は、一笑に付すといった様子で酷評していた。

「僕らのほうじゃ笑っちゃったんですよね。何言ってんだと。それはあまりにも兵力がみじめですからね。あれはまた何をとぼけてるんだっていうような話だったですよね、師団では。結局こんなものはできないっていう感じは持ってました」

三浦祐造少佐のように、作戦に疑問を投げかける回想録は多数残されている。例えば、歩兵第六〇連隊の連隊長としてインパール作戦でも勇戦した松村《まつむら》弘《ひろし》大佐は、「机上の空論」と手厳しく批判している。

「このころ、わが第十五師団は新作戦計画に基づき着々作戦準備を進めていたが、軍から与えられた任務は全般の会戦構想から見てやむを得なかったのであろうが、その担任する作戦正面、現有兵力、補給能力などから考えても、それはとても実行されそうにない机上の空論に過ぎず、まことに容易ならぬものがあった。

事実師団の作戦正面は実に七〇～八〇粁《キロ》の広正面にわたり、しかもわが第一線大隊の兵力は精々一〇〇名か二〇〇名に過ぎない。また聯隊火力の骨幹たるべき聯隊砲は皆無で、ようやく大隊砲が一門か重機関銃一銃を持っている程度であった。

従って、聯隊といっても本部要員、通信中隊などを加えても総数六〇〇名か七〇〇名を出ない状態であった。他部隊の状況も大体わが聯隊と大同小異であった。師団の兵員は後方部隊を加えても僅々三、〇〇〇～四、〇〇〇名に過ぎず、野山砲級以上の固有砲数も一〇門内外であった。

完全な師団の固有戦力をもってしても過広なこの作戦正面を、いまや五分の一またはそれ以下に激減している現有戦力で防禦し、しかも決戦を行なおうとするのである。この一見無謀ともいうべき会戦計画は、方面軍としても、第十五軍としても果たして勝算を見込んで、慎重且つ真剣に立案されたものであろうか。

当時の状況上やむを得なかったとはいえ、第一線部隊の実情殊《こと》に戦力の核心たるべき火力装備の実態を無視し、ただ「強気一点張り」の観念論により、あたかも図上戦術的な壮絶にして雄渾な計画を立てたのでなかろうか」

ビルマの戦局視察に来た南方軍総参謀副長の若松只一《わかまつただかず》中将も、方面軍の作戦指導を批判して、次のように回想している。

「私がラングーンの方面軍司令部を訪ねたとき、まず感じたことは、幕僚間に、田中参謀長の強気の統帥にはついて行けないといった気分が強かったことである。

私はラングーン周辺の防衛計画をたずねたが、陣地などはろくにできておらず、ペグー付近に目下築城を計画中だとかいっていたが、その計画もまだ方面軍司令官の決裁さえ受けていないとのこと。方面軍は縦深にわたる作戦を考えていないのではないかと不安を覚えた。〔中略〕決戦だ、決戦だと最後まで頑張っていて、いよいよ駄目だとなってからドット総崩れになるようではビルマの防衛は一たまりもあるまい」

そして、田中新一参謀長の前任のビルマ方面軍参謀長である、第一八師団長・中永太郎中将は、「実行さえできれば戦史を飾る爽快な作戦に違いないけれども、実力一個師団にも充たぬインパール敗残の軍をもって古来成功の例なしと称せらる河川防衛を、何等地形上の利点もないところでやるということは、もはや戦略、戦術の範囲ではない常識の問題だ。いわんや全然制空権なきに於いてをやである。〔中略〕この大敗北の根源は、主としてこのような放漫非常識なイラワジ会戦計画に胚胎する」(「中永太郎中将回想録」防衛研究所蔵)と書き残している。前任者から「放漫非常識」とまで言われる作戦が実行されたことに、暗澹たる気持ちになる。

日本の作戦に対し、イギリス第一四軍ウィリアム・スリム司令官は、自軍の航空と機甲の優越性を発揮できるビルマ大平原の乾燥地帯の北縁にあるシュエボ平地で、なるべく速やかに日本の第一五軍に決戦を強いようと考えた。日本軍の司令官らが交代したという情報が届いたが、これまでの経験から、日本軍が戦わずして土地を明け渡すとは思えなかった。

一九四四年一〇月、スリムはチンドウィン渡河前進命令を出し、シュエボ平地へと前進を続けた。しかし、日本軍から決戦を求める気配はない。そうした中、日本軍から鹵獲《ろかく》した資料で、かなり正確にイラワジ会戦の日本側の企図を知ることができたのである。スリムは自分の状況判断の誤りに気づき、日本軍の企図はシュエボ平地ではなく、イラワジ河畔での決戦だと再判断して作戦を修正した。

修正した新たな英軍の計画は以下の通りである。第三三軍が、マンダレーの北方と西方で渡河し、なるべく多数の日本軍を牽制する。この間、第四軍が密かに西側を南下し、パコックに現れ、日本軍の裏をかき渡河する。そして、機甲および空挺部隊をもってイラワジ河の背後の要衝、メイクテーラを占領するというものである。メイクテーラは、日本軍第一五軍、および第三三軍の主要な補給基地、弾薬集積所、病院などとともに、五〜六個の飛行場がある後方管理中枢であり、ここを押さえると日本軍は空中分解すると想定された。イラワジ河の東側と正面での決戦を「おとり」にして日本軍の背後を取ろうとするこの作戦の肝は、いかに「おとり」が敵にばれないか、つまり情報戦にあった。日本軍はこの「おとり」に見事に引っかかるのだが、詳細は後述する。

事態の変化に対応できない方面軍首脳

イラワジ会戦を目前に控えた時期、田中参謀長はどのような心境だったのだろうか。強気でならした大物参謀長も、戦局の行く末に一抹の不安を覗かせていた。

「一月ごろになると大東亜戦争の運命を悲観する空気がラングーンの居留民や通信報道員、さては方面軍将兵の間にも流れ始めた。

十二月レイテ敗戦の報が伝わるに及んで、ビルマ作戦の将来も、もはや望みなしといった漠たる不安が広がり始めた。

戦局全般の事情を一応考慮しうる幕僚達の胸中にも、次第に秋風が吹き通る思いがあった。〔中略〕私としても、戦争指導がいまや重大危局に直面していることも、日本が思い切った起死回生の方策を断行せねばならぬ関頭に立たされていることも感じており、深夜懊悩《おうのう》に耐えがたいものであったことはもちろんである。特に開戦当時、大本営陸軍部の作戦部長たりし私としては、ことごとに責任の重圧を感ぜざるを得なかった」

そして、後にラングーンを放棄するか否かで鋭く対立することになる木村兵太郎司令官と、統帥のあり方について微妙なズレが生じ始めていたことも吐露していた。

「私としては、一意専心諸隊をして当面の作戦に没入敢闘させるほかなく、それには強力統帥の実をあげることしかないと思った。

また、木村方面軍司令官との懇談中、話がこのことに及んだが、方面軍司令官は黙して何も語らなかった。しかしその表情から、私が強調する強力統帥には必ずしも同意せず、それも程度問題だと言わんばかりの気持ちが感じ取られた。いかに全軍のため、または友軍のためとはいえ、全く勝つ目途《めど》のない戦闘を敢えてするということに、指揮官自らがいつとはなしに疑惑を持ち始めたからかも知れない」

一九四五年一月一六日、方面軍は盤作戦を発動した。インパール作戦後の最大の決戦、イラワジ会戦が開始されたのである。

ところが一月下旬、ビルマの戦場にとって重大な命令が南方軍から下された。風雲急を告げるフィリピン戦線を強化するため、ビルマ方面軍の主力部隊だった第二師団を引き抜き、フランス領インドシナに送るというのである。背景にあったのが、日本全体の戦局の悪化だ。四四年一〇月にレイテ沖会戦で連合艦隊の主力が潰滅、一一月にはマリアナ基地から飛び立ったB29が東京への空襲を開始、四五年一月にはフィリピン・ルソン島に米軍が上陸、ルソン決戦が始まっていた。

この頃、シンガポールで開かれた南方軍後方主任者会議にビルマ方面軍の代表として参加した後方参謀の後勝少佐は、「勇兵団(第二師団)の転進は寝耳に水の驚愕で、ただちに立って反論した」(『ビルマ戦記』)という。しかし、決定が覆えることはなかった。慌ててビルマに戻り、司令部らに報告したが問題にされず、作戦が変更されることもなかった。

後方支援や兵站に明るかった後少佐は、高木俊朗の取材テープの中で、第二師団を取りあげられたことが敗因と指摘。同時に、事態の変化に対応できないビルマ方面軍首脳に、諦めに似た気持ちを持っていたと語った。

「第二師団を取り上げられた。それがもう大打撃だったわけです。計画としては、これがもう最大の打撃だったですね。ビルマのこの作戦の致命傷だったでしょうね。

最終的にはイラワジ河の線というのを決められたのは、田中参謀長です。いわゆるその司令部のその時期における実力者が自然に決定するようになります。わしが全責任を持ってやるいう能力と気迫のある人間が決めるっていうことですよ。そんなもんなんですよ」

ビルマの戦略的地位が低下し、戦力の削減を行う南方軍と当初の計画に拘泥し、決戦に挑もうとする方面軍指令部。イラワジ会戦は出だしから大きく躓くことになったのである。

今も生々しく残る戦いの傷痕　メイティーラ

イラワジでの戦いの痕跡や記憶が現地に残されていないだろうか。私たちは、ヤンゴンからイラワジ河を遡るように、南から北に向かって激戦地であるマンダレーに向かった。現地リサーチャーの西垣充さんには、重点的にこの地域の事前取材をお願いし、若手ミャンマー人スタッフたちが、激戦地となったミャンマー中部のマンダレーやメイティーラ(メイクテーラ)などに何度も足を運んで調べてくれた。出国前には、「今も遺骨が出てくる場所がある」「イギリス軍からの砲弾の痕が今も残っている」といった報告が、写真と共に寄せられていた。

ミャンマーには、ヤンゴンとマンダレーを結ぶ南北に伸びるハイウェイが走る。ヤンゴンを発ち、ミャンマーの首都であるネピドーのインターチェンジを通過し、さらに北に位置するメイティーラに向かう。ヤンゴンからは五〇〇キロほど離れている。

メイティーラに到着したのは、夕方だった。古くからの交通の要衝であり、ヤンゴンとマンダレーを結ぶバスがこの街を通る。メイティーラ湖のほとりにあるホテルを拠点に三泊して、イラワジの戦いの現場を回ることとなった。激戦地は広範囲にわたり移動時間も要することから、今回の取材でもっともタイトなスケジュールに追われた。

最初に向かったのは、イラワジ河を突破したイギリス軍が猛攻をかけたキンテ村。メイティーラの中心部のホテルからは、車で一時間ほど南に走ったところだ。イラワジの戦いで、第四九師団山砲兵第四九連隊及び歩兵第一六八連隊の多くの将兵が犠牲となった場所と聞いた。メイクテーラ失陥後も寡兵を以てイギリス軍に大きな損害を与え同地を堅持していたという。今はのどかな農村地帯で、水瓶を頭に乗せて運ぶ子どもや婦人たち、そして畑を耕すための多くの牛たちに遭遇した。

同行しているミャンマー人コーディネーターのチョーさんが、村の入り口にある第四九師団の戦友会が贈った井戸のことを教えてくれた。生き残った兵士たちは部隊ごとにミャンマーの各地に病院や学校などを寄贈したと聞いたことがあったが、この村では、複数の井戸を作っていたようだ。

日本軍はビルマの村に入ると、その村の僧院を拠点とすることが多かった。イギリス軍もそのことを熟知し、僧院の多くがイギリス軍から狙われ破壊された。この村の僧院もその一つだった。

僧侶のコータラさん(五〇)が、激戦となった僧院の施設を案内してくれた。寺院の敷地内では、建物の外であっても靴と靴下を脱ぐことが求められた。破壊された僧院の周辺には、足の裏を刺すような枯れ枝が散らばり、歩くことも難儀だった。

「けがをすると、「破傷風」になるから気をつけて」と言われながら慎重に歩き、破壊された僧院にたどり着く。事前に写真で見ていたが、戦争によってこれほど破壊された建物が今も残っていることに驚きを覚えた。

コータラさんが、穴だらけとなったかつての僧院のそばで立ち止まった。

「これは全部銃弾の痕ですよ。ここに隠れていた日本兵が激しい攻撃を受けたんです。私は若いころ、銃痕の中から金属を取り出して、それをお菓子と交換していました」

僧院は、村人が寄進して作られたばかりの二階建ての真新しい建物だったという。僧院として使う前に、戦禍に見舞われてしまったのだ。

コータラさん

コータラさんは、僧侶のおじから、当時のことを聞かされていた。この僧院には大勢の日本の将兵が立て籠もり、犠牲者が続出した。

「日本軍が、ここを砦のようにして立て籠もって撃ち返しました。でも、ぼろぼろにやられて負けたので、また南に逃げたんです」

さらにコータラさんは、この戦いで生き残った日本の将校が戦後、この村にやって来たことを話し始めた。その名前も覚えていた。中村清一さんという人だという。

私たちは、その名前を聞いて驚いた。実は、四年前に中村さんに、東京・府中市のご自宅でお目にかかっていた。中村さんは、第四九師団山砲兵第四九連隊第三中隊の中隊長だった。イラワジの戦いを取材したいと、お話を聞かせてもらっていたのだ。「敵はどんどん新しい部隊で新しい戦車でくる」「死守しろと命令されるが、敵はどんどん包囲してくる。結局全滅してしまう。あちこちで全滅部隊があった」。二〇〇人の部下のうちおよそ五〇人を喪ったという。

しかし、二〇一九年五月に他界され、今回の番組では、インタビューをすることができなかった。ミャンマーの地で、中村さんの名前を聞くとは想像もしていなかった。当時の中村さんが語る激戦地の様子と現場が、その時はっきりと結びついた。

中村さんはミャンマーを訪問した際、コータラさんにある依頼をしていたという。

「中村さんたちにここを壊さないでくださいと頼まれたんですよ。私たちが戦ったことを記念として取っておきたいと言って、この〔記念の〕板を貼っていきました」

コータラさんは、中村さんが亡くなったことを知らなかった。

「そのうち、この寺をちゃんとした建物にしてあげるから、と言っていたけど、亡くなられたのなら、もうできないですね」

中村さんが戦争の痕跡を残そうとされた執念とともに現地で戦争の遺構を大切に残しているコータラさんたちの尽力に頭が下がる思いがした。

さらに、この僧院の近くで、今も遺骨が出てくるといわれる場所へと向かった。そこは、ベダーさん(四七)という女性の家の敷地内だった。ベダーさんも、ある日本人のことを覚えていた。

「二〇年ぐらい前に日本人が来ました。私の息子を養子として日本に連れていきたいと言っていました。そのときの写真もあります」

帰国後、その写真を中村さんの長女、箕輪博子さんに見ていただいた。写真の男性は同じ山砲兵第四九連隊の藤田文平さん(二〇一〇年九月死去)だった。藤田さんは中村さんと共に慰霊のために何度もミャンマーを訪れており、写真はその時のものだった。

「この辺りは激戦地でした。日本兵は近くの塹壕に隠れ、そのまま戦死したと聞いています。建物を造るために土を掘った時、頭蓋骨や、腕、それから歯、入れ歯、いろんなものが出てきました」

いまも周辺では、日本兵の遺骨が見つかっている。

ベダーさんは、「いつかこの遺骨を日本に届けたい」と、遺骨を大切に保管し続けると言った。日本から遠く離れたミャンマーの地に、日本では忘れられようとしているかつての戦争の痕跡と向き合い続ける人々がいた。

ベダーさん

戦場となった村

今回私たちはビルマでの取材の前に、イギリスのインペリアル・ウォー・ミュージアムに残るイギリス軍が撮影した三〇時間に及ぶ映像を検証した。現地取材の前に、どのようなことがあっ

ミンデンさん（上），セインプさん（下）

たかを映像を通じて理解したいと思ったからだ。その中で見つけた一つの映像に胸が締めつけられた。

それは、イギリス軍がイラワジ河を渡り、ミンギャンを攻略した直後に撮影された、メイクテーラ周辺のある村の映像だった。三月二三日に制作されたとある。イギリスと日本の戦争で破壊され、炎のあがる家々から助けを求めるビルマの人々の姿が映し出されていた。ビルマの人々が暮らす場所が戦場になり、突然普通の暮らしを奪われる現実が、記録されていた。

この日のキンテ村の取材で、戦争の被害にあった村の状況を知る老夫婦にも話を聞くことができた。その証言は、私たちが見つけた映像を彷彿とさせるものだった。

キンテ村の出身のミンデンさん（九五）、セインプさん（九三）夫妻は、日本軍の侵攻後、日本の軍事施設の建設などにかり出されていた。夫のミンデンさんは、道路建設に従事した。

「彼ら〔日本軍〕の仕事をいろいろ手伝いました。例えば、車道を作るから、鍬を持って地ならしをしてくれとか、でこぼこなので穴を埋めてくれとかいわれて作業したんです。仕事が終わったら、日本兵が「よろしい」と言って、帰っていいというしぐさをしました。日本のお金というのをもらいました。青っぽい色で、1とか2とか書いていました」

ミンデンさんは軍票と言われるルピー紙幣をもらっていたようだ。

一九四五年になると、日本軍がイギリス軍から攻撃を受け、ミンデンさんの村も、戦禍に巻き込まれていく。ミンデンさんはイギリス軍と圧倒的な兵力の差のある日本軍の姿を目撃していた。

「日本軍の飛行機が一機、イギリス軍は六機。六機が、日本軍の飛行機が離陸したところを待ち伏せして撃ったので、日本機はすぐに落ちてしまった」

キンテ村も攻撃の対象になっていく。

「イギリス軍の飛行機が上空を旋回して機関銃で撃ってきたり、爆弾を落としたり。この辺だけで、一二個の爆弾が落ちました。私たちはどこに逃げればよいのか分からず、逃げ回っていました。いつ巻き込まれるのかと怖かったです」

「爆弾が落とされて、村長と村長夫人が死にました。夫人のお腹には赤ちゃんがいたんです。避難用の穴を出て逃げたときにやられた。村人みんな不安や恐怖で大混乱となりました」

その後、日本兵から「これから戦争が激しくなるから、ビルマの人たちは遠くまで逃げなさい」と言われ、村人はみんな逃げたという。

「別の村まで逃げましたが、そこにも飛行機が追いかけてきて爆弾を落としました。ビルマ人の強盗が怖いので森には行けません。一晩中崖のところに隠れなければなりませんでした」

妻のセインプさんは、疎開先からキンテ村に戻ってきたときのことを記憶していた。

「村に帰ってくると焼け野原になっていました。あるのは灰だけ、家は全部焼けていたのです。森からウチワヤシの葉っぱを取って来て、それで仮住まいを作って住んでいました。これからどうしようか、これからどうなるのか、大人はみんなで相談していました。私たちは一三、一四歳で、何もできないし、何も考えられません。大人たちが、何とかするから心配しないでって言ってくれるんだけど、みんな心配でした。私が知っている限り、ミャンマー全国でメイクテーラほどの激戦地はどこにもありませんでした。なぜ自分たちが住んでいる村で戦争が起きたのか、理解に苦しみました」

英軍機による空爆

翌朝、メイティーラのレインドウ村に向かった。日本軍が使っていた西飛行場の近くの村だったため、イギリス軍の攻撃も一層激しいものがあった。

一九四五年になると、制空権はイギリス軍に完全に握られていた。この村には、当時のことを知る男性が健在であると聞いていた。

国道沿いに、日本語で石碑が建てられていた。そこには「1996・1・26　レインド入り口　元菊56連隊鎮魂碑」と書かれていた。一九九〇年代には、まだ多くの日本人が、慰霊のために訪れていたことがうかがえる。碑の上部に示された右方向へと車を走らす。

慰霊碑のそばに暮らしていたのが九一歳になるラチョーさんだ。ラチョーさんは、これまで多くの日本の戦友会が遺骨収集などを行う際に案内などの協力を惜しまなかった。国道沿いの石碑も、ラチョーさんの協力のもとで作られたものだった。

自宅の広い庭の奥にある小屋に、ラチョーさんと六六歳の息子のミンスエさん親子が待っていた。軍票、水筒、ヘルメットなど、日本軍の携行品もたくさん用意してくれていた。歩兵第五六連隊がメイクテーラ奪還のために来る前に、この村に駐留していた部隊のことをよく覚えていた。

レインドウ村の石碑

「この村には、日本軍の車がたくさんありました。食堂での食事作りや、車への給油、水運びなどの仕事をしました。車に乗って、森の中に行ったことがあります。森の奥に細長い穴を掘ってあって、そこに砲弾やガソリンを置いていました。みんないい人で、私たちと仲よくなりました」

当時の砲弾も見せてくれた。今は、ラチョーさんたちがいる小屋に吊され、別の形で使われているようだった。「火事の時などに、これを叩いて鳴らします」という。

西飛行場の近くに暮らしていたラチョーさんは、日本軍と一緒に軍用機を隠した経験があったという。イギリス軍の爆撃によって日本軍機は大きな打撃を受けていた。

「英軍機が来て爆弾を落としました。英軍の爆弾はとても大きくて火薬が二〇キロ入っていると聞きました。落とされると、地面に五メートルぐらいの深い穴ができる。だから別の飛行場

ラチョーさん(上)，ミンスエさん(下)

まで飛行機をみんなで押していって隠したんです」

村の女性と夫婦になっている日本兵もいたため、日本軍撤退の時には混乱も起きた。

「英国の軍隊が戦車六、七台を連れて来て、この村でも戦闘がありました。日本兵が逃げるときに、日本兵の妻になっている人たちもついて行きました。その後、メイクテーラの南東の村ピョベでもう一度戦闘になったのですが、そこでも日本軍が負けて、彼女たちは村に戻ってきました。でも、何も教えてくれない。恥ずかしかったからでしょう」

ミンスエさんは、私たちを慰霊碑に案内してくれた。戦闘が激しくなってきたのは、歩兵第五六連隊がきた直後からだと聞いていた。ミンスエさんは戦後やってきた歩兵第五六連隊の元日本兵とも交流があった。

「三月のある夜、第一八師団(「菊部隊」)の歩兵第五六連隊が、レインドウ村に入ってきました。大勢の日本兵が水をくださいと騒ぎ、家の中に入ってきました。かわいそうに牛用の水まで飲んでいました。日本兵は村中の家に隠れていたので、英軍が爆弾を落として、村が焼かれたんです。お坊さんが英国の飛行機に手を振り、ここは僧院ですと伝えたのですが、僧院だからこそ日本兵がたくさん隠れているだろうということで爆弾を落とされました。お坊さん二人が死にました。

レインドウ村では日本兵一六〇〇人が戦死したといいます。向こうにある大きいマンゴーの木の下を掘ったら、一五柱から二〇柱が出てきました。鉄かぶとや、銃剣も、その辺りにたくさんありました」

今では日本から慰霊碑を訪れる人はいないというが、現地の人々が大切に守ってくれていた。

ラモさん

メイティーラ周辺の住民はみな戦争のことをよく覚えており、実際の痕跡も想像以上に残っていた。メイティーラでの二日間の取材を終えた私たちは、イラワジの戦いの実態をさらに知るべくマンダレーに向かった。その途中、車窓からの景色がこれまでと変わってきているのを感じた。砂地の大地に木が点々と植わっているように見える。イラワジの戦いを「砂漠の中で戦っているようだった」と話していた元兵士がいたが、まさに、それを感じさせる光景だった。

マンダレーの街に到着する直前、タブットピン村に立ち寄った。私たちは、当時の英軍のプロパガンダ戦略についての重要な証言を聞くことができた。八九歳になるラモさんは、妻と共に、家の軒先に作られた小屋で私たちを待っていてくれていた。

「学校にいたとき、イギリスの飛行機が飛んで来て、ビラをたくさん落としてゆきました。「日本人が悪いから爆弾を落とす。文句は日本軍に言ってくれ」というビラでした。実際に村に爆弾が落とされて、妊娠中だった私のおばさんが死にました。おばさんは、村のみんなと一緒に逃げたのですが、村を出たあと、鍋を忘れたと言って、一人で家に戻ったんです。そこに爆弾が落ちてきて死んだと聞いています」

イギリス軍がまいたビラによって、ビルマの人々の憎しみの矛先は日本軍へ向かうようになっていった。

マンダレーヒルの激戦

その日の午後、私たちはイラワジの戦いの重要な拠点であったマンダレーの街に到着した。イギリスの植民地となる前は国王が暮らす都であったマンダレーは、歴史的な風情を感じさせる。かつて日本軍の司令部が置かれたマンダレー宮殿は、英軍の攻撃を受けた。貴重な歴史的遺産もまた戦争によって失われたのだ。戦後に再建された宮殿を横目に見ながら、マンダレーヒルに向かった。まずマンダレーヒルの管理事務所で取材内容を説明する。海外メディアにはマンダレーヒル内部の撮影は許してこなかったというが、三〇分ほど説明をした後、内部の撮影が許可されることになった。案内をしてくれたのは、三五歳の警備担当のチョーゼンテッさんだ。マンダレーヒルは、その名の通り丘のようになった場所にいくつもの寺院がある。靴を脱いで、寺院の階段をのぼる。前線の日本軍部隊が守備を固めていたという寺院が、マンダレーヒルの中腹に当時のまま残されていた。チョーゼンテッさんが、足を止めた。

「日本軍とイギリス軍が戦ったときの弾の痕です」

マンダレーヒルに今も残る銃痕を説明するチョーゼンテッさん

天井や柱に無数の銃弾の痕があった。浴びるように銃弾が撃ち込まれた状況がまざまざと残されていた。さらに階段をのぼると、見晴らしの良い開けた場所に着いた。そこから見えたのがイラワジの大河だ。多くのイギリス軍がこの河を渡り、このマンダレーヒルの日本軍を攻撃してきたことが分かる。

イラワジ会戦で日本軍が最後の砦として死守していたのがマンダレーヒルだった。当時のイギリス軍の映像にも、マンダレーヒルを幾度も空爆する映像が残されている。この寺院を奪取されることは、日本軍にとってマンダレー陥落を意味した。それゆえ、必死の抵抗が行われたのだ。そのことを象徴的に示す場所が残されていた。

丘をのぼったところにある洞窟のようになった寺院施設だ。イギリスからの攻撃を避けるには好都合の場所のように見える。チョーゼンテッさんによると、ここに負傷した兵士が集められたという。

「ここに傷ついた日本兵が立てこもり、その多くが亡くなりました。弾が当たって、けがをした人がこの中で次々と死んでいったのです」

この寺院に籠城した五〇人は全員命を落とした。イラワジの戦いで日本軍は、大敗北を喫した。最後にチョーゼンテッさんは、丘の山頂付近に造られた慰霊碑の文字を紹介してくれた。

「ここには、味方も敵も関係なく、みんなが平和になりますようにという慈悲深い文が書かれています。みんながそういうふうに思えたら、世の中は平和になるのですが」

チョーゼンテッさんは別れ際、小さい息子を抱きかかえ、私たちを見送ってくれた。家族が平和で暮らせる世の中が続くことを祈る父親の姿を見る思いがした。

激戦地となったマンダレー、メイティーラで多くみかけたのが、日本人が作った慰霊碑だった。しかし、誰も来なくなってしまった場所も散見された。ある慰霊碑は、正面がトタンで塞がれた状態だった。ここでは、三人の日本兵の遺骨が見つかったという。この土地の所有者は、ここ数年誰も来ることはなくなったと話していた。

「ビルマで戦死した人の遺族が来られなくなったということですね。でもあなたたちが記録してそれを伝えてくれれば、また来てくれるかもしれない。誰も来られないのは悲しいことです」

戦死した日本兵の慰霊はどうあるべきか、その課題を突きつけられるようだった。

戦場の実態を記録した齋藤博圀少尉の日誌

次に、日本軍の将校らの目線でイラワジでの戦いに迫っていきたい。

二〇一七年に放映されたNHKスペシャル「戦慄の記録 インパール」。番組内でインパール作戦の悲惨さを語ってくれた第一五軍司令部元少尉・齋藤博圀さんは、実はイラワジの戦いにも送り込まれていた。齋藤さんの日誌には、インパール作戦後のことも詳細に記されていたのである。

陸軍経理学校を卒業した齋藤博圀さんは、インパール作戦が始まる直前の一九四四年初頭にビルマに赴任。牟田口廉也司令官に仕え、司令部内でのやりとりや前線での惨状を日誌や回想録に克明に記していた。その内容の一部を記す。

「牟田口中将は平生、盧溝橋は私が始めた、大東亜戦争は私が結末をつけるのが私の責任だと。将校官舎の昼食時によく訓示されました」

「経理部長さえも「補給はまったく不可能」と明言しましたが、全員が大声で「卑怯者、大和魂はあるのか」と怒鳴りつけ、従うしかない状況だった」

「師団長と牟田口司令官とのけんかのやりとりが続いた。司令官は「善処しろとは何事かバカヤロウ」の応答だった」

齋藤さんは当時二三歳。死線を彷徨《さまよ》いながら記録を書き続けた。敗戦後連合軍の捕虜となり、一九四六年に帰国した後結婚し、家族に恵まれたが、戦争について語ることは一切なかった。

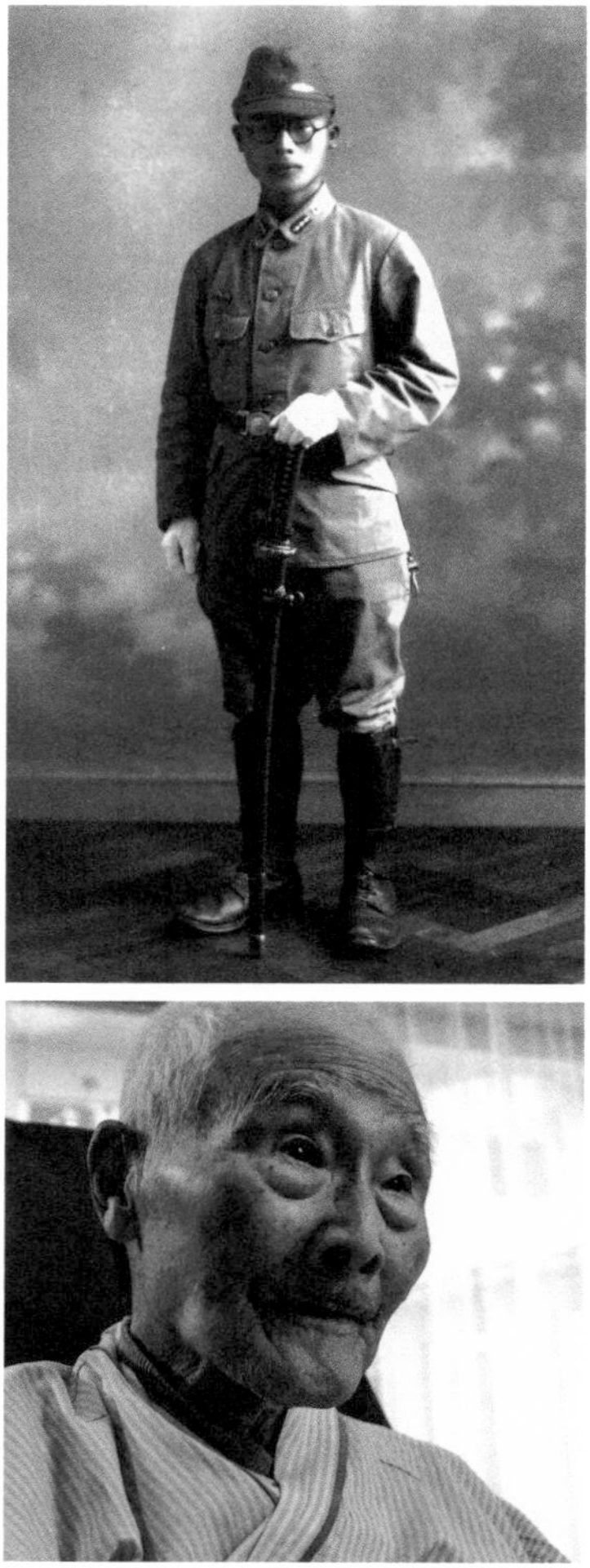

齋藤博圀さん

二〇一七年、齋藤さんが書いた日誌を見つけた私たちは、九六歳でまだご健在だった齋藤さんに話を聞くことができた。

「日本の軍人がこれだけ死ねば〔陣地が〕とれる、自分たちが計画した戦が成功した。日本の軍隊の上層部は、悔しいけれど、兵隊に対する考えはそんなもんです。だから〔その内実を〕知っちゃったら辛いです」

「戦慄の記録　インパール」は、日誌の言葉を引用して締めくくった。

「生き残りたる悲しみは、死んでいった者への哀悼以上に深く寂しい。国家の指導者層の理念に疑いを抱く、望みなき戦を戦う、世にこれほどの悲惨事があろうか」

私たちは、インパール後の悲惨な戦いをたどろうと、妻の恵美子さんより継続して閲覧の許可をいただき、日誌を読み返した。齋藤少尉は、インパール作戦の後、マラリアで病の床に伏せていたが、再び前線にかり出され、斬込隊の小隊長を命じられていくこととなる。

イラワジの戦いが近付くと、戦闘の訓練を受けていない陸軍経理学校の学友もみな戦地の要員として編入され犠牲となっていく様子が記されていた。

「昭和二〇年二月二日　敵次第に南下しイラワジ河に達す。斬込隊編成せられ、小隊長を命ぜられ連夜訓練に励む　臨時歩兵第一、第二大隊編成され、当部〔経理部〕よりも兵員、全員編入さる」

「昭和二〇年二月一一日　遂に「イラワジ」河は渡河せられ砲声次第に近付く。連日銃爆撃又其の激しさを加ふ。三号作戦発令さる　「シング」「チョウミョウ」に於いて渡河したる敵は遂にマンダレーへと殺到す。又「ミンギャン」に於いて強襲渡河せる敵機甲兵団は中央突破し「メークテーラ」に突入す　漸く編成せられたる許《ばか》りの臨時歩兵大隊二ヶ大隊は訓練の暇とてなく優勢なる敵を向へてメークテーラに死斗し川上大尉は敵戦車に率先突撃し壮烈なる戦死を遂げ学友岡本少尉又迫撃砲弾に倒る」

同じ日に書かれた日誌には、圧倒的な戦力差についての記載がある。

「一大包囲体形をとられ、我軍は山を背後に全員玉砕を覚悟す。前線次第に兵員倒れ、一個大隊僅に二十四名なる大隊もあり。悲壮なる布陣をなす　優勢なる大軍を向へ、「イラワジ」河畔においては、斬込隊が次々と繰り出されて行くも彼の飛行機、戦車、砲撃、自動車、あらゆる機械化に対するに我は只　徒手空拳に似たる装備なるを如何せん。メークテーラ突入により軍は方面軍との連絡、補給一切を絶たれ、遂に孤立するに到る」

齋藤さんは、その後も詳細に日誌を記し続けた。マンダレーやメイクテーラも、危機に瀕していく。

「昭和二〇年三月三日　予の誕生日なり。未だ生きてありき」

「昭和二〇年三月六日　マンダレーヒル。敵手におちし由　市街戦さかんなりと」

「昭和二〇年三月一〇日　夜、菊経理部長渡辺大佐に会ふ。メークテーラ打通作戦の為。前進途中なり。自信満々として第一八師団の兵は暗闇に消えていく」

「昭和二〇年三月一二日　メークテーラ打通作戦。友軍の損害甚大にして、遂に成功せず。打通の望絶ゆ」

「昭和二〇年三月一三日　部隊は武装なく、また相次ぐ敗戦に、全く志気阻碍し、戦う意思全くなく、敵とみれば、恐怖が先立つらしい。情けないことに、負けぐせがついてしまった。戦いに倒るれば文字通り骸を野にさらし、遂に死体は収容されぬ。草むす屍は成仏出来ぬ。皇軍部隊は見栄も外聞もなく、生きる為に、総くづれとなった」

「昭和二〇年三月一四日　マンダレー、一四日遂に陥落」

日誌は、戦争末期の絶望的な戦況を浮き彫りにしていた。

圧倒的戦力差と疲弊する兵士たち

兵士たちはイラワジ河周辺で無謀な戦いを強いられた。その戦いを経験した二人が健在だった。その一人が、インパール作戦で九死に一生を得た後、イラワジ河の守備を命じられた歩兵第二一四連隊元伍長・高雄《たかお》市郎《いちろう》さん(一〇一)だ。

高雄さんは、一〇〇歳を超えても栃木県のご自宅にお一人で生活され、矍鑠《かくしゃく》とされている。高雄さんには、五年前の番組でも取材に協力をいただいていた。「ビルマ 絶望の戦場」の放送が決定した直後の三月、一番にお電話をしたのも高雄さんだった。再びビルマ戦を伝えることが決まったという報告とともに、あらためてイラワジの戦いについて知り得るすべてのことをお聞きしたいとお願いした。久しぶりであったが、声は、とてもお元気そうで、いつでも来て構わないと言ってくれた。

高雄さんと同じ連隊でインパール作戦に従軍した鈴木公《すずきひろし》さんにも、その日のうちに電話をした。近くに暮らすお二人は、互いに行き来をする間柄だった。まさに戦友だ。しかし、ご家族によると鈴木さんは入院しているとのことだった。新型コロナウイルスに伴う面会制限でお見舞いも叶わず、翌四月には訃報が届く。イラワジの戦いは「砂漠の中で戦っているようだった」と話していた鈴木さん(享年一〇一)に、当時の状況を深くうかがうことはかなわなかった。

ミャンマーに行く前の四月から五月にかけて、私たちは国内で健在な元兵士の方々へのインタビュー収録を始めていた。高雄さんのもとには、撮影の前日にも訪問し、懐かしく言葉を交わした。戦友の鈴木さんを亡くしたことに話がおよび、一人になったことを寂しそうに語っていた姿に、胸が締め付けられる思いがした。

高雄市郎さん

以前から私たちは、高雄さんはもの凄い記憶力であると感嘆していたが、それは、一〇〇歳を過ぎた今も変わらず健在だった。高雄さんの所属する歩兵第二一四連隊は、イラワジ河を渡河して撤退していた。そして、イギリス軍が用意した新たな戦力による、インパール作戦時とは異なるさらなる猛攻に直面することとなる。

「イギリス軍には、橋を掛ける装置があって、すぐに橋を作っちゃうんですよ。そうするともう、土煙を立ててね、戦車や車が見えるんですよね。……インパールのあんな山道でも山間地帯でも戦車が活動できたんだからね。それが今度、広っぱのところ行ったら、戦車は自由自在に走る。

メイクテーラへ下がる途中にね、一部落でえらい火災があってね。一〇〇、二〇〇人ぐらいの部落がね、丸っきり、焼かれてた。火が遠くから見えたんだけれども、どんなあれなんだろうって、寄って見たんですが、豚も牛も丸焦げね。イギリスのやり方も、徹底していて、その部落を焼夷弾で撃ったらしいのね。イギリスも酷いことするなあと思ったね。ひとつの部落がね、一戸もねえんだから」

高雄さんは、今も、仲間の戦没者名簿を大切に持っている。一人一人の戦地での記憶をたどるように話してくれた。そして、一年上の下士官候補生の名前のところで指を止めた。

「戦友が敵の戦車に飛び込んで死んだんだよ。中隊長は命令したんだ。「あそこへ来てる戦車を橋のたもとから通すな」ってその役を押しつけられてね。当時は、この人勇敢だって思ったけど、今見れば、可哀想だったなあと思うね、二三、四歳でね。

だから中隊長は、〔終戦後に〕この人のことを言われるの、本当に嫌がっていた。終戦で帰ってきてからもね」

さらに私たちは、メイクテーラの激しい戦いを経験した、福岡市に暮らす元兵士に話を聞くことができた。歩兵第五六連隊元二等兵・重松一《しげまつはじめ》さん(九九)。初年兵だった重松さんは、補充兵としてビルマに送られたばかりだった。

仲間の慰霊のために「命の限り彫刻刀を握る」と書かれていた重松さんに関する新聞記事を一〇年近く前に目にして以来、重松さんのことが常に気になっていた。

自宅を訪ねた私たちの目に飛び込んできたのは、重松さんが彫った仏像群だった。ビルマ戦の取材をしたいと申し入れると、重松さんは、腰をまげながら、ゆっくりと棚に向かって歩き始め、自らが書いた回想録や、従軍した場所を示す戦闘地図などを見せてくれた。そして、当時のことを力強い口調で聞かせてくれた。

「日本を離れるときに、もう万歳万歳万歳の、励ましの言葉がありましたね」

重松一さん

重松さんは、二一歳の時に召集され、第一八師団(「菊部隊」)歩兵第五六連隊に配属となってビルマに送られた。一九四四年七月、ビルマに向かう門司港では大勢の人に見送られたという。重松さんたちが、ビルマへの最後の補充兵だったという。

敗戦と同時に捕虜となったが、一年後に帰国。福岡市でクリーニング業を始めた。無念の思いで死んでいった戦友の慰霊のためにできることを考え、六八歳で店を畳み仏像彫刻を学び始めた。その頃から、ミャンマー慰霊団の団長となり、元兵士や遺族とかつての激戦地を訪ね、自らが彫った釈迦座像を寺院に納めてきた。

「それはもう戦死した人たちの供養ですからですね。それはもういつまででも残るんです。戦友のための慰めになっておるんじゃないかということはやっぱり考えます」

重松さんは、九九歳になった今も慰霊祭に参加している。福岡県久留米市の篠山《ささやま》神社で、重松さんの連隊の慰霊祭があるというので同行させてもらった。歩兵第五六連隊ということから、五月六日を、慰霊の日としてきたという。

しかし、かつては多くの戦友が参列していた慰霊祭には、重松さんのほかに元兵士は誰もいなかった。慰霊祭が終わったところで、重松さんは、多くの仲間を失ったある戦場のことを口にした。

「一番残っているちゅうことはですね、メイクテーラというところでですね。敵の機械化部隊と遭遇しました。車両はですね、二五〇〇台、戦車が一五〇台、これと戦争しましたがですね。あ、これでもう絶対に日本軍はだめやなと思いました。戦争だけはもう嫌ですね」

歩兵第五六連隊はメイクテーラ奪還作戦のため、急遽《きゅうきょ》戦地に向かうことを指示された部隊であった。彼らが戦ったのは、私たちが取材で訪れたレインドウ村だった。自宅でうかがったインタビューでも、圧倒的な兵力の差があったと振り返った。

「目の前を〔戦車が〕通過したりしたっていうのありますよ。そのときに日本軍の大砲、これ横っ腹にうったけど、なんてことなかった。がーんていう音だけしたから、そんとき〔日本軍は〕全部逃げちらかしとるですよ。そういうふうな経験みんなしとるからですね、もう戦車が来たら逃げるってことが一番。機関銃で撃ちよったけど、機関銃で撃ったところで何もなりゃせんとですよ。

だからみんなもどんどん下がっていきよりまして。自分たちの大隊長は、通信隊の中隊長が大隊長になっていました。通信なんていうたら、戦争したことあんまないんです。「大隊長どの、戦車はそこ来とるとですよ、どうしますか」と聞いたら「なら下がれ！」と言うんです。でも本人がもうどんどん逃げているんです、敵から見つけられんように。日本軍がいくらやったって、小銃で一発撃ったって、そんなもの何も役に立たない。大和魂なんていうようなことは、そんなものは一切ありません」

戦闘では、初年兵が犠牲になることが多かったという。

「とにかく初年兵というたらもう、飯はたかないといけないし、斥候にはいかないといけないし、壕は掘らないといかんし、一番苦労するのが初年兵なんです。当時の服装は、私たち初年兵は、荷物をかれこれ六〇キロからのぐらいはかついどったですね。弾から弾薬から、食料から、もういろんなものですね。それに対して、将校連中はどんな格好しとるかというと半ズボンです。大隊長なんか普通の運動靴みたいな靴をはいとるとですよ。そうして体を軽くしとる。こんな戦争して、やられたら馬鹿らしいとみんなそう思うとったですよ。戦死する率が私たち初年兵が一番多いです」

仲間への鎮魂の思いに突き動かされて、重松さんが釈迦座像を彫っていることが理解できる。

重松さんの長女の池田悦子さんから、放送から四カ月が経った一二月に重松さんが亡くなられたという連絡をいただいた。全身全霊で私たちに戦場の記憶を語って下さった重松さんに改めて深謝するとともに、ご冥福をお祈りしたい。

忖度による敵戦力の過小評価　要衝メイクテーラ失陥

ここでイラワジ会戦全体の戦局の概要を整理しておく。一九四五年一月中旬にイラワジ河の渡河を開始したイギリス軍に対し、第一五軍は三号攻勢を発動。イギリス軍の航空部隊の攻撃を避けるため夜襲を繰り返した。しかし、敵の圧迫に抗しきれず一月一九日、三号攻勢を中止した。その後もイラワジ河の渡河点各所をイギリス軍に突破された。南岸の要衝都市マンダレーの守備隊は三月一九日に撤退した。

イギリス軍の作戦計画は、先述の通り、イラワジ河正面での戦闘を「おとり」にして西の端の渡河点を突破し、日本軍背後のメイクテーラを奪うことだった。日本軍はこの動きに全く気づいていなかった。

二月二四日メイクテーラにおいて、田中新一方面軍参謀長や南方軍参謀長、第一五軍司令官などが集まり、戦局打開のための会議を行っていた。実はこのとき、イギリス軍はすでにイラワジ河の西端を突破し、戦車や自動車三〇〇〇両あまりの機甲部隊がメイクテーラに進軍していたのだ。二四日の会議を受け、翌二五日には第一五軍が傘下各師団の参謀長を集めた会議を行っていたが、突如「戦車、自動貨車計二、〇〇〇両の敵メイクテーラに前進中」と情報が入り会議は中止解散となった。高級将校らが敵にあわや捕らえられる危機だった。

さらには、この情報はなぜか方面軍には「戦車、自動貨車約二〇〇両」と一桁間違って伝えられたとされる。方面軍は、メイクテーラに向かっている敵部隊は攪乱部隊と過小評価し、第一五軍に「メイクテーラの敵は恐るるに足らず、戦場の一波瀾に一喜一憂することなく、貴軍は毅然として盤作戦に邁進せらるべし」と返電した。これに対し第一五軍の辻参謀は「メイクテーラの情勢急変が、果して戦場局部の一波瀾なりや否やは事実が証明するであろう。軍はこの現実を一波瀾として軽視し得ず」と再電した。なぜ敵情勢分析の数字が一桁違って伝わったのかについては諸説ある。

高木俊朗もこの件には、こだわって取材をしていた。ラングーンで上記の電報を受けたビルマ方面軍の電報班員を集めた取材の録音テープが残っている。班員たちは、「決して数字を間違えることはなかった」としつつ、「二〇〇〇両はあまりに多すぎるから、方面軍の情報参謀が一桁少なく修正を強要したのでは」と話している。さらには、「ビルマ方面軍の電報班の責任者の将校が、戦後まもなく自決した」という事実もあった。真相は、闇に埋もれたままとなってしまったが、単なる情報の錯誤ですませられる問題ではなかった。

いずれにしても、敵の「おとり」作戦に全く気づけなかった上に、情報伝達の拙さから日本軍が内輪揉めを起こしている間に、三月三日、イギリス軍はメイクテーラをあっさり占領した。その後の奪還作戦でも多くの将兵が命を落とし、イラワジ会戦は惨敗に終わったのである。

前線にみられる統制の欠如

戦力の差を度外視したまま続行された作戦により前線の志気は著しく低下していた。私たちは、インパール作戦後も、十分に立て直されないまま、次の作戦に投入された部隊の実情を調べた。話が聞けたのは、二一歳の時に召集を受け、中国からビルマへと転戦した、歩兵第五八連隊元曹長・佐藤哲雄《さとうてつお》さん(一〇二)。現在は、新潟県村上市で娘夫婦と暮らしている。佐藤さんも、五年前のインパール作戦の取材のときにお話を聞かせてもらっており、その時以来の面会だったが、一〇二歳になられたとは思えないほど、変わらずにお元気だった。今回の取材の最年長の方だった。

佐藤さんも、インパール作戦で死線を彷徨い、撤退戦を強いられたイラワジ河周辺でも戦争の空しさを味わった。イラワジの戦いは、逃げているのか、戦っているのかも分からない修羅場と化していた状況だったと語る。

「今日はここいれば明日はこっち、三日と同じとこにいることなく混戦状態になって、まるっきり、まず逃げて歩いてるって言えばいいか、対戦してるって言えばいいかわけのわからない戦闘になってしまったんだわな」

イギリス軍の苛烈な戦闘とともに悪疫や食料不足に悩まされることも増えていく。

「栄養失調にマラリアが絡むとだめなんだ。マラリアをやられると、熱に浮かされるからな。だから、マラリアで倒れたのが相当にいる。弾に当たって倒れたとなれば、戦友がいるから何とかしてくれるけど病人は置き去りのような状態。食料がないために、栄養失調だの多かったってことなんだろ

佐藤哲雄さん

うな。全然補給というのがなかったんだもの。食料はもちろんね、弾薬もねえ、何にもねえもんだから」

当時、佐藤さんの部隊の師団長であった第一五軍第三一師団司令官河田《かわだ》槌太郎《つちたろう》中将は、将兵の志気について以下のように遺稿に書いている。

「「コヒマ」作戦に於て体力及び戦意を喪失せる将兵は、「シエボウ」附近における休養、訓練編成等に依り戦意及び志気を回復せるも、敵の航空戦力の圧倒的優勢と地上機械化勢力の大なるとに依り、戦闘の経過と共に再び志気阻喪し、戦勢の不利なるに伴ひ志気は振はず。〔中略〕住民の状況　作戦地には住民少なく且つ友軍は全面的不利なる状態なりしを以て、住民の協力等は全く得られず」

この時期、第三一師団と同じ第一五軍の隷下部隊の第一五師団の柴田《しばた》卯一《ういち》司令官は、「師団長として今後の作戦に自信が持てないから、よろしく罷免のうえ内地帰還の処置を講ぜられたい」との異常な意見を第一五軍司令官に具申していた。さらに、師団参謀長鈴木《すずき》善康《よしやす》大佐との折り合いが悪く、鈴木参謀長（一九四五年一月二五日）、次いで柴田師団長（一九四五年二月二〇日）の相次ぐ更迭が行われた。上層部の混乱は、現場にも伝播していったとみられる。

柴田司令官の転出にともなって、第三三軍参謀長の山本《やまもと》清衛《きよえ》少将が第一五師団長に発令された。この人事異動で、山本清衛少将の後任として、ビルマ国軍を指導していたビルマ国軍軍事顧問部最高顧問であった澤本理吉郎少将が第三三軍参謀長に発令された。第5章に詳述するが、長年、アウンサンとも関係のあった澤本少将の転任は、その後、少なからずビルマの戦況に影響を与えることとなる。

佐藤さんは、イラワジの戦いの最前線で戦う日本軍の統制は混乱を極めていたと語る。

「逃亡者もないとはいわん、相当にあったんだけども。もう戦おうなんていう気持ちはなく、ただ、自分の身を守るための処置だけだったわな。まず日本は負けるとは思ってなかったから、いつかはそういういい機会〔日本の勝利〕が来るかと思って、まずそれを期待して、逃げて歩いたっていうことになるな」

そして、イラワジの戦いの頃には、日本軍が発行した軍票も現地では通用せず、食料の調達も厳しくなっていく。それに伴い、日本軍の間で泥棒も増えていったという。

「お金なんて出しても、ビルマ人はそんなのいらないって言うんだもん。ビルマ人は、日本人に取られると思って、みな隠してしまってるんだ。だから米でも野菜でも売ってくれない。結局はシャツやズボンのほうが、まだ米一合なり二合なりに交換できる。

そして、日本人の兵隊同士で泥棒がはやった。「お前もう死ぬんだから」というわけで死にそうになっている人の物を取っていってしまう。戦争というよりも自分の身を守るということが第一にその当時はなったんです。

結局、病人同志の取り合いになっていくんだ。丈夫な人が弱い人のものを取るという。だから、なるたけそれを防ぐために、万年筆とか時計とかは、胴巻きの中に入れてとか、千人針の中に入れて隠して。兵隊泥棒になってしまった、兵隊同士の泥棒なんだ。もう人間性がなくなってしまってるんだ」

インパール作戦を経験し、イラワジ河で苦戦を強いられていた高雄市郎さんも、軍の混乱に直面していた。兵士が、ビルマの人から誘われ、部隊から抜けていくさまを目撃していた。

「それはもう日本軍の状況が悪くなってきたから、ビルマ人が、ビルマ語で「マカウンブ」、これはだめだっていってね。「ジャポン、マカウンブ」、「軍服脱いで、ビルマの着物着て、ビルマ人になっちゃえ」と、日本の兵隊を呼んで言っとったね。私たちはそう言われてね、何いってんだこのやろうなんて気持ちになっとったわね。でも、身の危険が迫って〔ビルマに〕土着した人も何人かいるんですよね。ビルマに残った人、結構いるんですよね」

従軍看護婦たちの証言

ビルマには、将兵だけでなく、日本赤十字社の救護看護婦もおよそ四〇〇人ほど配属されていた。今回の番組では、兵士以外の人が見た戦争の現実を辿りたいと、存命の方を探した。ようやく巡り合ったのが、当時一八歳と、一番若くして従軍していた樋口《ひぐち》クニさん(九六・佐賀班)だった。

樋口クニさんには、長男の一光さんを通じて連絡をとっていたものの、転倒したことによる入院が長引きなかなか面会が叶わなかった。しかし、私たちがミャンマーに赴く直前に退院するとの知らせを受け、新たに移ることとなった施設の会議室で、二〇分を限度に話を聞くことができた。

クニさんは、一光さんに車椅子で押されてやってきた。撤退時に救護看護婦同士が励まし合いなが

樋口クニさん

ら歌った歌を聞かせてくれた。それは、予科練の替え歌であった。

「若い血潮の佐賀班の、七月余りはジャングル勤務　今日も降る降る明妙あらし、滑って転んで泥まみれ　若い血潮の佐賀班の、歳は若いが弱音は吐かぬ　ぐんと練れ練れ日赤精神、葉隠れ乙女にゃかなわない」

一八歳の若さで、あの凄惨な戦争を体験したことは、生涯にわたり、どのような心の重荷となっていただろうか。

クニさんは私たちのインタビューに対して絞り出すように語ってくれた。

「あの頃インパール作戦でね、負け戦で、それこそ、食事はないし、日本兵はへとへとに痩せ細って、ずっと後退してきていました。傷口にウジがいっぱい、グジュグジュグジュグジュ大変でした。それをピンセットでつまんで捨てて。空襲が激しくてね。白衣が着られませんでした。〔目立たないように〕色を染めてね、草色に染めて着てました」

食事も兵士と同様、満足には食べることができなかったという。

「とにかく食べ物がなくてね。草をむしって、ゆがいて、食べていました。ただ早く内地に帰りたいということで、いっぱいでした」

赤十字活動は、本来は攻撃を受けず、守られるものであるにもかかわらず、樋口さんたちは兵士と同じく攻撃を受け続けていた。人道性が無視される戦争の現実を目の当たりにする。

二〇二三年二月、本稿を執筆しているさなか、樋口一光さんから、クニさん逝去の報せが届いた。そして、クニさんの体験記が見つかったと、その貴重な資料を送ってくださった。その資料を読むと、インタビューで語ってくれた言葉一つ一つがさらに、心に迫ってくる。

樋口さんは、一九四四年にビルマに赴任して以来、マンダレー近くの病院で日本兵の救護を続けていた。インパールから後退する兵士を、医薬品も器具も不足する中、手当する日々だった。

「あの日のうずき 今 なお」と題された体験記には、鮮明に刻まれた記憶が綴られていた。

「私たちの兵站病院はジャングルの中の大きい木の下に点々と建てられていた。壁はアンペラ〔でっくったむしろ〕で作られた簡単な建物であった。一つの病棟は四〇名収容され、私たちは重傷病棟に配置された。戦地から軍服のまま大の男がマラリアとアメーバ赤痢のため倒れ、意識不明のまま護送されてくる。傷病兵は輸送中に傷口に蠅がとまり幾日がかりでやっとこのジャングルの兵站病院に運ばれると、口からも傷口からもウジ虫が出てくる状態で傷口をきれいにしたかと思えば、また多数のウジ虫が無数に組織の中に頭を突っ込んで動いている。私たちが丁寧に何回となく取り除こうとしても、限りなくウジ虫が出てくるのである。〔中略〕

一晩に二名か三名かは死んで逝かれる。その死後の処置も一人でしなければならなかった。体格の立派な若者も病魔には勝てない。妻子の写真を枕元に死んで逝かれる人達に静かに手を合わせ、祈りを捧げる。この方にも妻も子もあり、内地ではどんなにか元気で無事に帰ってくるのを待ち望んでいらっしゃるだろうと思うと涙が滲んでくる」

体験記の最後は「あの苦しみだけは私たちの脳裏から離れることが出来ない」という一文で締めくくられていた。

退院してきたばかりの樋口クニさんは、久しぶりに面会できた息子の一光さんに慈しみに満ちた目を向けていた。体験記にも、戦時下での家族への思いが、以下のように書かれていた。

「患者は生き続けようと必死であったが病魔には勝てず、やがて一人、二人と亡くなって逝かれた。私たちに伝染しなかったことが不思議なくらいであった。夜になると家が恋しかった。見上げれば夜空に輝く南十字星と南方の月は大きく美しかった」

番組の放送直前になって、もう一人、救護看護婦としてビルマに配属された女性に会うことができた。その女性は、兵士を看取った当時の状況を今も忘れられずにいた。

当時二二歳だった北澤松子《きたざわまつこ》さん(九九・岐阜班)は、全ビルマ会という兵士、従軍看護婦、そして遺族などが作った組織の会員だった。今回、私たちは、会員名簿に掲載されている一〇〇人を超える人たちに徹底的に連絡をとった。ほとんどの方が、鬼籍に入ってしまっている中で、唯一連絡がとれた

北澤松子さん

のが、救護看護婦の北澤松子さんだった。

電話に出てくれた娘の北澤聡子さんが、施設にいる松子さんに取り次いでくれるという。初めて面会したのはミャンマーに行く直前だった。北澤さんは耳が遠く、スケッチブックに質問を書いて、話をうかがった。この日の取材は、新型コロナウイルスの感染対策から、窓越しでの面会であったが、ミャンマーから帰国した後は、距離をとれば、施設内でインタビューしてもよいという許可も下りた。

慰霊祭のために何度もミャンマーに行っていた北澤さんは、私たちがミャンマーに行くことを羨ましがっていた。健康状態が許されるのなら、九九歳になった今も、慰霊をしたいと考えていたのだ。


ミャンマーから帰国後、北澤さんのロケ取材のために施設に伺う。この日は、大きなモニターを用意して、パソコンで質問項目を打ち込み、北澤さんにそれを見て答えていただくというスタイルとなった。

北澤さんは、ビルマに赴任してまず、伝染病の病棟に配属された。まさに、インパール作戦が始まるタイミングだった。伝染病病棟は、負傷した人たちの外科病棟とは少し離れた場所にあったという。毎日の激しい空襲の中、医薬品も医療器具もなく、連日、多くの将兵を看取っていった。

「重症病棟の勤務をしたときは、一晩で五人から七人が亡くなってます。病棟っていっても、レンガの建物ですけど、重症病棟で約七〇人ぐらい入ってましたけど、電灯もないし、ただ建物があるだけで、お注射だってブドウ糖とリンゲル〔生理食塩水〕だけなんですよ。今みたいに懐中電灯じゃなくて、カーバイドランプって、小っちゃなカーバイドの電気使ってますから。昼間は暇なときはそこらの草を全部刈って干して、それでその枯れ草を燃やして蚊取り線香の代わりに使ってましたね。

遺体は担架で運びますからね、霊安室まで。それで病室に戻ると、もうまた亡くなってるって、そんな状態ですから、ほとんど七人も亡くなると、休む間がございませんからね。ほとんどマラリアとアメーバ〔赤痢〕ですけどね。八個病棟ありましたから。一晩で大勢亡くなってますよ、各病棟から〔霊安室に〕集まりますからね。三〇人以上集まると思います」

医療器具もない中、難しい看護が続けられていった。

「もうアメーバ赤痢の下痢は、一日の回数も多いですからね、三〇回四〇回ですから、本当に大変でした。もう便器がなくて間に合いませんから、ベッドのわら布団をお尻のとこだけ丸く切り抜いて、下で受け皿で受けて、翌朝全部まとめて一カ所に埋めるんですけどね」

当時、この病棟では入院してから一週間ほどで亡くなっていく人ばかりだったという。

北澤さんは、患者を看取る時のことを今も忘れられないでいる。

「〔兵士が〕亡くなる間際に、何かおっしゃるんですけど、方言が鹿児島辺りとかだと言葉が全然分からないので、何をおっしゃってるのか分からない。もう本当に間際ですから、分からないし声は細いし。だから、どんなに聞き返しても意味が分からない。心から申し訳なく思っています。だって、一番お伝えしたい言葉なんじゃないですか。それを聞き取ってあげられない、つらいですよ、本当に。本当にたった一言でもいいから、分かってあげられたらと思いました」

イラワジ会戦の頃は、空襲もさらにひどくなっていたことから、病棟にすらいられなくなっていく。

「しょっちゅう空襲がありますから。昼間は早めに処置する人は処置しまして、あとは全部患者さんを連れて、重症者は病院の中に洞窟を作って、そこへ患者さん全部収容して。ほかの人は全部歩ける人は山の中、頂上のほうまで歩いて避難して、それで夕方に病室に戻って。そんな生活ですから何も考えることないです。ただ一日一日無事に過ぎてほしいと。

ピンセットももちろんございませんし、体温計もない。だから兵隊さんが竹でピンセットを作ってくださるんですよ。体温計は〔ないので〕もうみんな手で大体の感じで〔測る〕。でも、まだ病院で亡くなった方はいいほうだと思います」

イギリス軍の猛攻を前に、ある日自決の準備として北澤さんにも青酸カリが渡された。

「病院のすぐ後ろの山なんですけど、そこへ、夜、空挺部隊が下りるって聞いたときは、皆さんもう制服で靴も履いて夜も休んでましたから、そのとき青酸カリを渡されてます。各班の婦長さん、専任の方が持っててくださって」

北澤さんが撤退する際、その苦悩はさらに深まっていく。

経理将校から斬込隊へ　齋藤少尉が見た惨状

インパール作戦に続いて、イラワジの戦いでも死線に身を置いた元少尉の齋藤博圀さんは、二〇一七年に行ったインタビュー取材の際、当時の日本軍の状況を絞り出すように答えてくれていた。

「〔指導者たちが〕真から自分たちを信用していないということです。これでは私たちのような下っ端は上のほうが信じられるわけがない。日本の第一戦はよく働きましたよ。日本の第一戦の兵隊は本当によくやりました。ただ上のほうが……。命がいくつあっても足りない」

終戦まで過酷な撤退戦を強いられた齋藤少尉は、混乱の中で日誌を書き続けた。

「昭和二〇年四月二五日　終日雨、全員調弁した籾の籾つきをする。日赤看護婦の一行がくらがりにて豚を料理してゐる。女の人も苦労してゐるなあとふつと気の毒になる。俺にもこんなあはれを感ずる感覚が未だあったのだ」

そしてさらに次のように日誌に書き残した。

「余りに懸隔せる装備に施す策なく、補給の絶無、現地物資、皆無、民心離反と、悪条件の山積し、此処に自滅を待つ。我等緬甸派遣軍の心中を、内地の残る軍部上層部よ、如何に見るや。今となりて、何が為に戦うかを知らず命ぜらるるが儘に戦い、命を棄つる事のみ批判するは許されず、まして反対は死を意味する。敗退に敗退を重ね、志気全く阻碍す。ポツダムに於いて戦後世界経営の会談ありと聞く。もとより予も日本人であり　国軍の将校たる以上、必勝を念じ又信じたい然れ共、其の現状たるや、その客観的に観察すれば、余すに僅かの時日あるのみ日本の屈服は間近に迫りたる厳然たる事実ならん。それに殊更に目を覆い　ポツダム会談を無視せんとするは何たる無暴ぞや。宜しく一国家の指導者たる者、厳粛に事実を直視し、以て百年、千年の計を誤る事勿れ」

齋藤さんは、二〇一七年一一月に亡くなった。齋藤さんが戦場で命を削るように書き続けた記録は、ビルマ戦の実相を照射している。

第4章　軍上層部の〝道徳的勇気の欠如〟

イギリス軍による日本軍将校への尋問調書

イギリスに眠る膨大な資料

日本軍の上層部は、どのような考えのもとビルマでの戦いに臨んでいたのか。私たちは、ビルマでの戦いの最後の一年について、詳細な記録がイギリスに残されていることを知り、二〇二二年六月初旬、ロンドンのヒースロー空港に降り立った。日本では入国する際PCR検査結果を提出する必要があるなどまだ制限があったが、イギリスでは、あらゆる入国制限は撤廃されていた。そのためなのか、空港は世界各国からの旅行客であふれかえっており、新型コロナウイルスの感染拡大前に戻ったような活気が戻っていた。国内の情勢が安定せず、日常を取り戻していないミャンマーのヤンゴン国際空港とは、全く違う光景だった。

私たちが最初に向かったのは、ロンドンの中心部から車でおよそ三〇分の郊外にある、イギリス国立公文書館だ。ここには、積み上げるとおよそ二〇〇キロの高さにもなるという大量の資料がイギリス全土から集められており、一〇〇〇年以上前の国家の機密資料や公文書、シェイクスピアの作品なども保管されている。もともとは、パブリック・レコード・オフィスとして、政府の公的資料や裁判資料などを保管していたが、二〇〇三年に政府の各省庁が保管していた資料をまとめ、イギリス国立公文書館として生まれ変わり、その後、政府情報資料保管オフィスや女王陛下の記録資料保管オフィスも統合された。つまり、イギリスの公的な重要資料のほとんどがこの国立公文書館に集まっているといえる。

五年前、インパール作戦について取材をしていたとき、私たちは、この公文書館にインパール作戦だけではなく、その後の終戦までのビルマでの戦いについての資料も多く残されていることを知った。今回、最後の一年を取材するにあたり詳しく調べてみると、私たちが想像していた以上に膨大な資料が残されていることがわかった。軍や政府の公文書だけでなく、当時のイギリス軍の作戦文書や、現地司令部と軍上層部との電報のやり取りなど、当時の戦いの詳細を物語る、数多くの機密文書が眠っていたのだ。その中には、ビルマ方面軍の兵士数や死者数の推移、日本軍の作戦計画の概要など、日本側の軍事情報も多く含まれており、当時のイギリス軍がいかに日本軍についての情報を多く手に入れていたかを垣間見ることができた。軍事面だけでなく情報面においても、イギリス軍と日本軍の間には、大きな差があったのだ。

イギリス人語学将校が見た日本軍

司書が地下の倉庫から取り出してきた五〇以上のファイルにまとめられた資料は、経年劣化により、動かしただけで端の紙がぼろぼろと崩れてしまうほどになっているものがほとんどだった。そのため、実物をその場で長時間読み込むことはできず、司書の立会いのもと閲覧室で一枚一枚写真を撮り、その写真のデータから文書を読み込んでいった。

こうした資料の中に、戦後にイギリス軍が日本軍に行った尋問の調書を見つけた。戦後、イギリス軍はビルマ戦を検証するため、日本軍の意思決定がどのように行われていたのか、日本軍の大本営参謀や現地軍の司令官・参謀長、そして将校から兵士まで、詳細に聞き取りを行っていたのだ。こうした聞き取りを行っていたのは、日本語の訓練を受けた語学将校たちだ。

太平洋戦争の開戦以降、戦地での情報収集のために急遽、日本語を読み話すことができる兵士が大量に必要になった。そこでイギリス軍は、短期間で日本語を習得できると見込める優秀な学生を選抜し、ロンドン大学東洋学部の日本語特別コースを受講させて、語学将校として戦地に送った。彼らは戦地で、日本人捕虜の尋問や、押収した資料の解読などの業務にあたった。ビルマでは日本軍がインパールから撤退して以降、イギリス軍のもとには泥や雨、血にまみれた日本語の文書が大量に集まるようになったという。それらの多くは、戦死者の背嚢《はいのう》やポケットに入っていたものだ。語学将校たちはこれらを解読することで日本軍の情報を入手し、イギリス軍の作戦立案に貢献した。日本語特別コースは一九四七年まで続けられ、六四八名が卒業したとされている。

語学将校たちが残した尋問調書を読み進めているうち、私たちは多くの文書の文末に同じ人物の名前が記されていることに気づいた。ルイ・レヴィ中尉である。彼は戦時中に捕虜となった多くの兵士だけではなく、戦後は上層部への聞き取りも行っており、まさにビルマにおける語学将校の中心人物と言えた。多くの日本人と言葉を交わした彼は、日本軍をどのように見ていたのか。調べてみることにした。

開戦当時、大学でフランス文学を学んでいたルイ・レヴィ中尉は、イギリス軍に語学の才能を見出され、日本語特別コースを受講することになった。その後一年以上の訓練を経たのち、一九四四年、二二歳のときビルマに派遣された。

ルイ・レヴィ中尉はのちにビルマ戦を次のように振り返っている。

「ビルマ戦線の一部かすべてかを記憶している人は、最年少でさえも、すでに六十歳に近い。けれども私は、老いたる人々が決して忘れてはいないと信じている。それらの多くの人々は、ビルマでのあの時間が、何十年かの時の経過のために色褪せて鮮明さを欠くにしても、依然として他ではあり得ない極限の経験であったことに同意されるにちがいない。もしその人たちが自らに正直であるならば、あの当時も呑みこめなかったし、今も判然としないある重要なものを、お互いあの複雑で悲劇的な戦場で胸に抱え込んでしまったことを告白せざるを得ないはずだ。その回想が残忍性への苦渋であっても、強奪でも、病苦でも、流血であっても、または不快、悲惨、倦怠、さては冒険の魅力であっても同じ事であろう。どれに該当するにしても、それが日英それぞれの真実として、それぞれの方法において、人格のうえに刻まれているのだ」(ルイ・アレン『ビルマ 遠い戦場』)

ティム・アレンさん

戦後はルイ・アレンと改名した、ルイ・レヴィ中尉に話を聞きたいと思ったが、一九九一年に亡くなっていたことがわかった。私たちは何か資料が残されていないか、わずかな希望を求めてルイ・アレンの息子のティム・アレンさんを訪ねた。

かつては敵国だった日本から来た我々を、元イギリス兵の遺族はどのように思っているのか。少し緊張しながら訪ねた私たちを、ティムさんは笑顔で迎え入れてくれた。もともと教会だった建物をアパートメントに改築したという自宅には、モダンなアート作品が飾られており、調和のとれたインテリアで揃えられていた。いただいたお茶を飲みながらティムさんを待っていると、モダンな部屋にはそぐわない意外なものを部屋の奥から取り出してきた。それは二振りの日本刀だった。

「これは終戦後、投降の印として日本人将校からもらったという刀です。父にとって、この刀は人生の非常に強烈な記憶を呼び起こすものだったのだと思います。私としては、この刀を持ち主の家族に返したいと思っているのですが、その家族を探し出すことができず、こうして保管し続けているのです」

ルイ・アレンは日本刀以外にも、日本兵に行った尋問調書の原本や、日本軍の作戦書、日本兵の写真など膨大な資料を、自宅や大学の図書館に残していたことがわかった。彼は、戦後イギリスのダラム大学でフランス語の講師として働き、ティムさんを含む六人の子どもを育てあげる中で、仕事とは別に、ビルマ戦について調べ続けていたのだ。その理由について、ティムさんはこう語った。

「父はビルマで、日本軍の上層部から兵士まであらゆる階層の日本人と会いました。ビルマに派遣された当初は、父にとって日本人から情報を引き出すことが一番重要なことでした。例えば、日本軍の大隊がどこにいたのか、そこで何をしていたのか、どれくらいの物資があるのかといったことです。しかし後になってからは、父はそうした情報だけでなく、戦争に対する将校や兵士自身の姿勢についても、聞き取ることが多くなっていました。日本兵と接するうちに、人間としての彼らに興味を持つようになったのだと思います」

イギリスでは当時、日本軍は残酷で野蛮であるというイメージが蔓延し、日本人は軽蔑と恐れの対象だった。大きな理由の一つは一九四二年に、日本軍が物資輸送のために、ビルマとタイを結ぶ泰緬鉄道を建設する際、連合軍の捕虜やアジア人労働者に虐待を行ったことにある。「枕木一本、死者一人」と言われるほど多くの死者を出すなど、日本軍による捕虜への残虐な行為が伝えられていた。そのため、ルイ・アレンもビルマに派遣された当初は、日本人への恐怖があったという。しかし、日本軍の捕虜と接するうちに、そうした考えは変わっていったようだ。

ルイ・アレンは捕虜への虐待に関与した疑いのある日本兵を尋問しようとした時のことを、このように回顧している。

ルイ・レヴィ（アレン）中尉

「〔日本兵が〕私の前に来て座ったとき、彼は文字通り震えていました。彼はじっとしていることができず、座って汗を流している姿からは、制御できない恐怖を感じました。突然、私は他の人間を、動物のような恐怖の状態に陥らせる立場にある権利がないという考えを持ち、そんな自分に驚きました。私は彼に何もせず、ただ去るように言いました。私はそうするのが正しかったとは思いません。それは私の弱さだったのかもしれません。それでも私は道徳的にそうしたかったのです」（*War, Conflict and*

なぜ、ルイ・アレンは多くのイギリス人を虐待した日本人を前に、自分が圧倒的に優位に立ちながらも紳士的な態度をとることができたのか。ティムさんから、その疑問のヒントとなる彼の生い立ちを聞くことができた。

ルイ・レヴィ中尉が戦後にルイ・アレンという名前に変えたのは、「レヴィ」という苗字が、父方のルーツであるユダヤ系のもので、それを理由にたびたび差別を受けることがあったからだという。そうした経験から、人種や宗教など、立場の違いによって争い続けることのむなしさを感じながら、ルイ・アレンは尋問をしていたのかもしれない。

しかし、日本軍はどんなに絶望的な状況になっても戦い続け、ビルマでの戦いはなかなか終わらなかった。ルイ・アレンは、なぜ日本軍上層部は戦いを止めないのか、疑問を感じていた。

「この戦争を計画し戦っていた日本の将軍たちは、たとえ高価な代償を払ってでも、まだ勝ち目があると思っていたのだろうか。〔中略〕連合軍情報網は、彼らがどこで突破を狙ってくるかを数週間も前からつかんでいた。どの部隊が、どの路を通って、どのくらいの数で、どういう武器を携行しているか、弾薬はまだどのくらい残っているか、その配給量から士気の状態にいたるまで調べていた。〔中略〕計画はすべて筒ぬけになり、比較にならないほどの火器を備えた英軍は、日本軍が出てきそうなすべての山稜の道を斜めから監視していた。彼我かくまで相隔たると、熟練も狂信的勇敢さも、なんの役にも立たなかった。とどのつまりどうなるかはわかりきっていた」(『シッタン河脱出作戦』)

日本軍上層部の尋問調書

今回私たちは、公文書館や、ルイ・アレンが収集した資料などから、イギリス軍によって作成された三〇人分の尋問調書を手に入れた。その中には、南方軍総参謀長の沼田多稼蔵《ぬまたたけぞう》中将やビルマ方面軍司令官の木村兵太郎中将、参謀長の田中新一中将ら、ビルマ方面軍の中心人物たちがそろっている。彼らは戦後、イギリス軍に何を語ったのか。それを知ることで、無謀な戦いがなぜ続いたのかを知ることができるのではないかと考え、解読を進めることにした。

まずイラワジ会戦を始めた理由について、ビルマ方面軍参謀長の田中新一中将は以下のように答えている。

「四四年九月に大本営によって打ち出された、新しい任務の方針は次の通りであった。

(一)東南アジア地域の日本占領地の第一防衛線として、南部ビルマで何としても持ちこたえること。

(二)連合軍による中国への補給、通信などの支援をできる限り妨げ、混乱させること。

この二つの役割を果たすため、ラシオ〔現ラーショー〕からマンダレーを経てエナンジョン、そしてアラカンに至るラインで連合軍の進攻に耐えること。

この防衛線を計画するにあたり、以下の点を念頭に置いていた。

(a)ラシオから北東方面を保持すること。中国への陸路攻撃を行う拠点を確保するため、この区間を保持する必要があった。

(b)エナンジョンの油田は、日本からの供給が減少し始めて以来、日本軍にとって極めて重要な場所であった。少なくとも最終的な決着がつくまで、十分な量の石油を南方のラングーンに輸送するために、この地域を防衛することが望まれていた。

(c)日本からはこれ以上米が送られてこない上に、タイからもほとんど米が届かないので、マンダレーの南の豊かな米作地帯が日本軍の主要な供給源となった。この地域は、ラングーン周辺で軍を維持するために、警備することが望まれていた」

田中が語った目的は主に三つ。一つ目は、タイやマレー半島といった東南アジアの占領地の防波堤になること。二つ目は「援蔣ルート」と呼ばれる、連合軍による中国・蔣介石に軍事・援助物資を送る陸路を妨害すること。そして三つ目は、現地でエネルギーや食料などの物資を確保する拠点を守るためだった。フィリピンなど各地の戦地で戦況が悪化しており、ビルマには日本から物資が十分に供給されなくなっていたため、現地で賄う必要に迫られていたのだ。

こうした目的の下、田中中将は強気の作戦を決行したが、イギリス軍の圧倒的な戦力による進軍を目の当たりにして、日本軍は混乱に陥ることになる。

要衝メイクテーラを攻撃されたときのことを、南方軍総参謀長・沼田多稼蔵中将は尋問に対して、「メイクテーラで敵を迎え撃つことができるだけの十分な兵力を手に入れることができると考えていた」と答えている。

しかし同じ質問に対し、第一五軍の参謀長・吉田権八少将は次のように答えている。

「イギリス軍によるメイクテーラへの攻撃は予想された形ではなく、第一五軍の幕僚は混乱に陥った。イギリスを攻撃するために、戦車隊や重火器隊、情報部隊など兵力を用意したが、これは十分とは言えるものではなかった。しかし、それ以上の余裕はなかったのである。〔中略〕陸軍上層部の考えは、「いかなる代償を支払ってもメイクテーラへの突き上げを断ち切らなければならない」というものだった」

上層部の中でも、メイクテーラを守るための十分な武器を集められているかどうかの認識があやふやで、混乱した状態の中、イギリスにメイクテーラを奪還されたのである。

イラワジ周辺を防衛することの目的を語っていた、ビルマ方面軍参謀長の田中中将。「イラワジ河の防衛線を守る」という強硬な姿勢を貫いた結果、多くの犠牲者を出すことになった。戦力、情報網、物資などの点で大きく劣っている中で、田中中将は本当に、イラワジ河の防衛線を守ることができると考えていたのだろうか。その答えが、尋問調書に記されていた。

「日本軍がイラワジ河の防衛線を無期限に持ちこたえられるとは、思っていなかった。だが、ラングーンを防衛しつづけるための時間を稼ぐことはできると考えたのである」

イギリス軍司令官が指摘した日本軍の欠陥

ロンドンの中心部、イギリスの中央省庁や政府機関の荘厳な建物が立ち並ぶ、ホワイトホール通り。その中心には、世界大戦期の大英帝国とその後の戦争でのイギリス軍の戦没者を追悼するザ・セノタ

ウィリアム・スリム将軍の銅像(ロンドン)

フと呼ばれる記念碑が建っており、毎年ここで追悼記念式典が行われるなど、イギリス人にとって大切な場所となっている。私たちが訪れた際も、退役した軍人だろうか、軍服を着た年配の男性たちが記念碑の前で記念写真を撮っていた。その傍らに第二次世界大戦の英国軍指導者を称える三体の銅像が建っている。そのうちの一人が、第一四軍の司令官、ウィリアム・スリム将軍だ。スリム将軍は、一九四二年にラングーンを日本軍に奪還された後にビルマに派遣され、いったんはインド・インパールまで退却を余儀なくされるも、その後、インパール作戦やイラワジでの戦いで指揮を執り、イギリスでは英雄的な存在として称えられている。

一八九一年、金物屋の息子として生まれたウィリアム・スリムは、第一次世界大戦でメソポタミアなどにおいて活躍。さらにその後、第二次世界大戦でインド歩兵の師団長として中東方面の作戦に参加したのち、ビルマに入り指揮を執った。エリート階級の出身ではないスリム将軍は、人の話に耳を傾け、決定に誰が責任を負うかを曖昧にしない態度で部下からの信頼を得ていたという。ビルマでの戦いでは、次々に入る情報をもとに日本軍が立てる作戦を先読みし、時には事前に立てていた作戦を撤回して練り直しながら、最善と思える策を探り続けたという。終戦後、スリム将軍は功績が認められ、最終的にイギリス軍人最高の階級である元帥にまで上り詰めた。

ビルマでの戦いを振り返った自伝『敗北から勝利へ（*DEFEAT INTO VICTORY*）』では、彼が当時戦況をどのようにとらえて戦術を練っていたのかなど、当時の心境が詳細に記されている。メイクテーラでの戦いについては、イギリス軍の戦車に対し、日本軍は歩兵で立ち向かい、最後に生き残った五〇人が湖に飛び込み死んでいったと、悲惨な戦場の様子を回顧している。二〇〇メートル×一〇〇メートル四方の小さな町を攻撃しただけで、八七六人の日本兵の遺体が集まったという。

「日本軍の強さは、個々の日本兵の精神にあった。日本兵は死ぬまで戦い続け、行進し続けた。五〇〇人の日本兵が陣地を守るよう命じられたとしたら、われわれはその陣地を奪うまでに四九五人を殺さなければならなかった。そして、陣地を奪われた最後の五人は自決するのだ。この従順さと獰猛さの組み合わせが、日本軍を、非常に手ごわいものにしていた」（*DEFEAT INTO VICTORY*）

日本兵の精神力に対して評価をする一方で、日本軍の指導者たちについては、以下のように語っている。

「日本軍は、計画がうまくいっている間は、アリのように非情で大胆である。しかし、その計画が狂うと、アリのように混乱し、立て直しに手間取って、元の計画にいつまでもしがみつくのが常であった。後退や遅れを想定しない日本軍の計画の中で、このようなことをしている余裕はほとんどなく、戦闘での楽観主義をぬぐえない司令官の場合は特に危険なことであった。

日本軍の指導者の根本的な欠陥は、〝肉体的勇気〟とは異なる〝道徳的勇気の欠如〟である。彼らは自分たちが間違いを犯したこと、計画が失敗し、練り直しが必要であることを認める勇気がないのだ。〔中略〕

彼らは失敗を認めるよりも、手持ちの戦力では命じられた任務が不可能であることを十分に知りながら、自分自身が受けた命令をそのまま部下に伝えたのである。このような責任転嫁が、最高司令官から最下層の将校まで、何度も災いの連鎖を生んでいった」

スリム将軍が指摘した日本軍指導者たちの〝道徳的勇気の欠如〟。それは、自らの失敗から目をそらし続けることで、事態の軌道修正ができずに崩壊へと突き進んでいく、日本軍の欠点を言い表している。

第5章　日本かイギリスか　アウンサンの葛藤

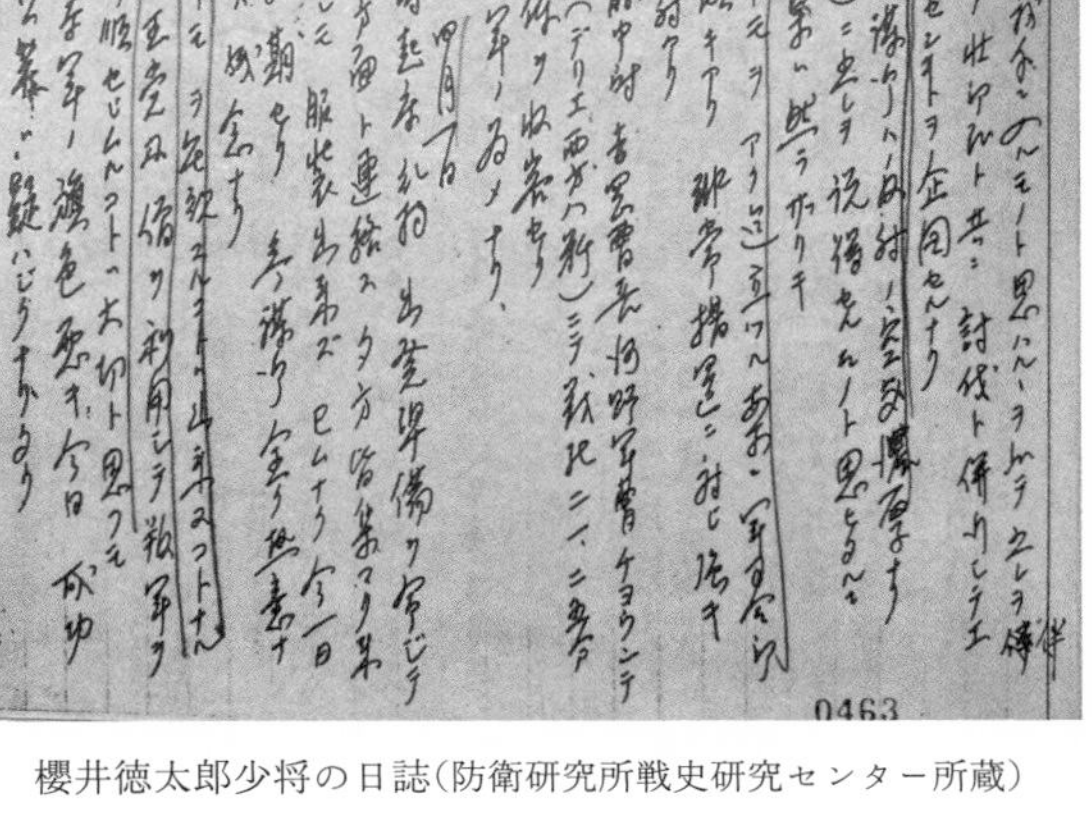

櫻井徳太郎少将の日誌(防衛研究所戦史研究センター所蔵)

アウンサンの失望　大東亜共栄圏の現実

一九四三年、ビルマ行政府のバモオ長官ら一行は、南方軍寺内寿一総司令官を訪問した後、三月一八日羽田空港に着き、ビルマ独立について東條英機首相と会談した。この時の、「日本ニュース」の映像が残されている。アウンサンと東條首相がともに映っている珍しい映像である。ナレーションでは、以下のように語られていた。

「大東亜共栄圏の建設に一意挺身する新興ビルマの行政府長官バーモ氏は、モンミヤ内務長官、テーモン財務長官、オンサン〔アウンサン〕・ビルマ防衛〔国防〕軍司令官とともに帝国政府の招きに応じて来朝の途次、寺内南方方面陸軍最高指揮官を訪問、歓談いたしました。〔中略〕バーモ長官一行のこの度の来朝こそは、大東亜建設の大業が着々進捗しつつあることを如実に物語るもので、特にいまだイギリスの圧政にあえぐビルマの隣国インドに与えた影響は計り知れないものがあると言えましょう」

映像では、バモオ長官やアウンサンらが東條首相と談笑している様子が伝えられている。一九四〇年一一月の鈴木大佐との面会以来、ビルマ国防軍司令官としての立場で二度目の来日を果たしたアウンサンにとって、東條首相と握手した時の心情は、今度こそ独立の悲願を叶えたい一心であったであろう。一九四二年の日本のビルマ侵攻時には独立が果たせず、一度は日本に裏切られたという気持ちを抱えていたものの、この時のアウンサンの独立への新たな期待は、想像に難くない。

その直後、ビルマは表向きの独立を果たす。一九四三年八月一一日の「日本ニュース」では、以下のような内容が伝えられていた。

「昭和一八年八月一日、大東亜共栄圏の道義的新国家として、ビルマはその独立を中外に闡明《せんめい》しました。この栄えある独立式典に先立ち、河辺〔正三〕ビルマ方面軍最高指揮官は、バーモ長官以下に対し、軍政の撤退布告文を公布しました。〔中略〕盟邦ビルマ国が誕生した記念すべきこの日、帝国は直ちにこれを独立国として承認し、午後五時、我が沢田〔廉三〕大使とバーモ内閣総理大臣との間に、日緬同盟条約が署名、調印せられました」

さらに、ビルマとして、米英に宣戦布告を行う。

「ビルマ国は直ちに米英に対し宣戦を布告。バーモ首相の毅然たる声は、ラジオを通じて全世界に放送されました。決戦下、かくのごとき大東亜建設の成果が、如実に示されたることはまことに力強き限りであります。今また比島独立、近きにあるの時、いまだイギリスの圧政に反抗しえぬインドはもとより、敵国に与える影響は甚大なるものがあります」と続けた。

日本から独立国としての承認をいち早く得たビルマ。「大東亜建設」のための両国間の協力なども謳われた。しかしながら、この条約の裏で、ビルマは、国家の主権が著しく制限される「日本国緬甸国軍事秘密協定」を強制的に結ばされていた。「戦争が続く限り、ビルマ国軍は、日本軍の指揮下に入る。ビルマ政府は、日本軍に一切の便宜をはかる」というものだった。日本軍影響下に組織されたビルマ防衛軍はビルマ国軍に改称されたが、実際には、ビルマ国軍は引き続き、日本のビルマ方面軍司令部直轄のビルマ軍事顧問部の指揮下に置かれることとされた。

日本軍に対する「革命」の始まり

この頃のビルマ国内の様子を詳細に記録に残していた男性がいた。第2章でも触れたヤンゴンに暮らすミャタンさん(八七)だ。ビルマ独立後の現実がどのようなものであったのか、ミャタンさんは、日本軍が侵攻してから、一九四五年八月に至る終戦までの回想録を、戦時中の記憶をもとにまとめあげていた。

「歴史というのは、隠せないものです」と繰り返し語っていたミャタンさん。回想録には、独立後、イギリス軍との戦争によってビルマの人々の生活の安全がさらに脅かされていく状況とともに、日本への敵意が一層膨らんでいく状況も記されていた。

「一九四三年のはじめに落ち着いて来たので私たち家族はペグーの家に戻りましたが、まだ安全ではありませんでした。ある日、モールメン橋と鉄道の線路を間違えたイギリス軍によって、川の氾濫を防ぐための堤防沿いの村に何度も爆弾が落とされました。その辺りにある家は壊れ、一五人ぐらいが亡くなりました。私たちの家の近くにも爆弾二つと照明弾二つが落とされました。そのため、危険なペグーからまたダイウへ移動しました。ダイウに六カ月間ほど住み、またペグーが安全になったので、ペグーに戻りました。

ある日ペグーの大きい市場の近く、東西はニャウンワインの18ストリートと19ストリートの間、南北では第二高等学校と市場の前の道に住んでいる人たちの間で下痢の症状が広がり、その地域一帯が竹で囲われ、通ることが禁止されました。そして、私たちの家を含め周辺地域の家全部にネズミ捕獲器が配られ、ネズミを捕まえて第三高等学校の中にある日本の事務所へ毎日報告するよう通達が出ました。ネズミが捕まらないと日本人の担当者に罰せられます。私の叔父さんもネズミが捕まらないので、学校のサッカー場に朝から昼まで暑い中、立たせられていたことがあります」(「回想録」)

そして、一九四四年になると、日本人への恐怖心や不信感は、大きなうねりとなって拡がっていく。回想録には、日本軍への反抗心が急激に広がる様子が、以下のように記されている。

「一九四四年の初め頃、ペグーがまた賑わいを取り戻し、安全になって来たので、私の親はペグーマーケットの19ストリートとメインストリートの交差点、ウンタイハンさんの店の隣でお店を開きました。私も親と一緒に市場へ行きました。ウンタイハンさんは日本軍へ野菜を送っていました。

ある日の朝七時頃、私たちが店を開けた時、野菜を運ぶために一台の車が来て、車から激怒した日本人一人が降りてきました。店から出て来たウンタイハンさんの頬を殴って店の中に連れて行き、怒鳴っている声が聞こえました。その後すぐに、買った野菜を車に乗せて、出発して行きました。

日本人に殴られたのを見ていた私を含め、近くにいた人たちはみな怖がり、気分が悪くなりました。そのようなことがペグーの他の場所でも起こっていたと聞きました。日本兵がミャンマー女性に対して性的いやがらせをしたり、ミャンマー人を呼び出して拷問することなどが多くなったのです。ミャンマー国民は日本軍を怖がり、憎み、嫌い、彼らを見ると逃げたり、隠れたりするようになりました」(「回想録」)

当時のことを今も鮮明に覚えているミャタンさんは、多くのビルマの人々が「日本はファシストだ」と、感じ始めていたと説明する。そのような状況の中で、「革命」という言葉が広がっていく。

「ペグーをはじめ、ミャンマー全土、至るところで日本人に〝ビンタされた〟〝物を奪われた、鶏や豚を取られた〟、そういう話が伝わってきます。そうすると「ファシストだからそういうことをする」と皆言うようになったんです。「ファシスト・ジャパン」に対する革命を決行しようという話も出てきた。その頃、独立を求めるミャンマーの若者たちが日本軍を追い出すためにこっそり国民を集めており、それはミャンマー全国へ広がっていきました。ペグーでも革命軍といって、若い人を集める活動が始まりました。私はまだ八歳だけど、兄は一八歳でした。当時、うちが住んでいる通りに共産党が来て、参加したければ参加すればよいと一軒一軒訪ねて説明して、私たちが住んでいる通りから、六人ぐらいついていったことを覚えています。兄も一時期参加しました。革命の始まりですね」

抗日地下活動の準備においては、ビルマ共産党、人民革命党の二つの地下組織の他、ビルマ国軍の計三つの拠点があり、それぞれ抗日活動への道を探りながら東亜青年連盟や国家奉仕団などの当時の合法組織への浸透を通じて、民衆との接点を作るべく動いていた。

共産党は、最も活発な地下抗日組織の推進役となり、ビルマ国軍内部へも影響力を行使して、かなりの共産党シンパを生み出した。特に連合軍との連絡において、それを事実上独占的に行えたことは彼らの政治的力量を大きく高めた。

ヤンゴンで話を聞かせてもらったミャタンさんは、取材から四カ月が経った二〇二二年一一月一八日、永眠された。コロナに感染して入院し、一度は退院したものの完治していなかったという。今回の取材で昔のことを思い出し、久しぶりにバゴーを訪問し昔の仲間たちに挨拶した直後の逝去だったという。

ミャタンさんと同じくかつてペグーで暮らしていたキンマウンチーさん（八七）も日本軍の統治時代の体験を詳しく覚えていた。取材の場には、キンマウンチーさんの話を聞いたことがないという娘や孫も立ち会った。

キンマウンチーさん

キンマウンチーさんは、マンダレーからペグー周辺に疎開していたと言うが、その地でも安心した生活は得られなかったようだ。

「日本兵が入ってきて以降、ビルマ人はみんな汚い格好をしていた。シラミがついた服を着ていたんです」

統治における言葉の問題についても、驚くべき体験を聞かされた。現地のビルマ人とのコミュニケーションがとれておらず、そのことが日本への不信感をさらに高めていくことを感じさせる内容だった。

「日本の軍隊の通訳になった人が、自分と仲の悪い人を、「この人は泥棒だ」と言うことがあった。そう言われると、本当は泥棒じゃなくても、連れていかれちゃう。そして、沸騰させた鍋のお湯の中に手を入れて、その後、一本一本爪を、鉄製の工具みたいなもので抜くんです」

まだ、少年だったキンマウンチーさんの心には、日本の統治時代について、衝撃的な出来事が刻まれていた。

「強盗は、もっとも重い罰で、交差点に縛りつけるんです。そしてその辺の住宅街の住民を呼びつけて、みんなの前で銃剣でグサッと刺して殺すんですよ。さらに悪いのは、かわいい子がいたら、その子を家族の前で引っ張って連れていっちゃうんです。お兄さんやお父さんが止めても、誰彼構わず引っ張って連れていっちゃうんです」

キンマウンチーさんは、取材を終えると「日本人の悪いところもたくさんしゃべったけど、それは昔のことですよ。今の日本人はみんな礼儀正しいと思います」と付け加えてくれた。それは、日本語を学んでいる孫娘への配慮だったのかもしれない。

水面下でのアウンサンの抗日活動

一般のビルマ人たちの間で日本軍への不信感が広がる中、日本軍と協力関係にあった、ビルマの独立運動のリーダー、アウンサンも、日本との関係を見直すかどうか葛藤を抱えていく。

一九四三年三月、ビルマ国防軍（ＢＤＡ）は新たに編成された日本のビルマ方面軍の下に組み入れられ、ビルマ軍政も同方面軍が受け持つこととなった。同年八月一日にバモオを国家元首にしたビルマが日本から「独立」を与えられると、BDAはビルマ国軍（BNA）に改称・格上げされ、兵員規模一万人の「主権国家」の正規軍となった。しかし、ビルマ方面軍による監視と指揮は続き、それは先述の秘密協定によって正当化されていた。

アウンサンは「独立」ビルマのバモオ政府に国軍最高司令官という軍人の身分のまま加わり、国防大臣となった。まさに、対日協力を前提とする閣僚職に就いたのである。一方、バモオ政府内の旧タキン党系の人々や同党出身者が多い軍事関係者は、国防省にインナーサークルをつくり、バモオと一線を画すようになった。ビルマ国内の経済が疲弊し、日本の戦局が悪化するにつれ、彼らはバモオに秘密のまま、同じ旧タキン党出身のアウンサンに対し武力による抗日蜂起を促した。しかし、アウンサンは、日本軍の兵員規模はビルマ国軍の三〇倍近くにも達することから、時期が熟さないうちの蜂起はリスクが大きすぎると判断し提案を拒否した。アウンサンとしては日本軍の補助部隊のようなものと見なされ国民のあいだで人気の落ちてきたビルマ国軍のイメージを変える必要性を感じながらも、苦労して生み育ててきたビルマ人の武力組織を、感情に突き動かされただけの未熟な抗日蜂起によって壊してしまうことはなんとしても避けたかった。

しかし、一九四四年七月、インパール作戦が失敗に帰し、作戦中止命令が出される。その一カ月後の八月、アウンサンは時期が熟したと判断し抗日闘争準備促進のための地下組織作りに動き出した。その組織は反ファシスト人民自由連盟（パサパラ）と呼ばれ、三つの核から構成された。ビルマ共産党、人民革命党、そしてビルマ国軍である。ビルマ共産党と人民革命党はいずれも戦前のタキン党内から派生した地下政治組織で、日本占領期において非合法活動を続け、農民に抗日教育を施したり、日本軍が公認した全国規模の青年組織である東亜青年連盟のなかに入り込んで影響力を行使したりした。実際には、軍事力を有するビルマ国軍がパサパラの中心となったが、権力は三者で分け合い、議長にアウンサン、その他の要職にビルマ共産党と人民革命党幹部がそれぞれ就いた。ビルマ共産党と人民革命党はそれぞれ協力者や党員を国軍内に擁していたが、両党の関係においてはビルマ共産党のほうが優位に立ち、発足当初のパサパラ内ではビルマ共産党の指導者タキン・ソウがアウンサンと同等ないしはそれ以上の発言力を有していた。

パサパラは一九四四年一〇月以降、抗日蜂起の準備をおしすすめた。しかし在インドの英軍(連合軍東南アジア司令部SEAC)と間接的に連絡をとりながらも、限定的な武器支援しか得られないことが明らかになると、議長のアウンサンは自力で抗日武装に転じることを決心した。その結果、一九四五年三月二七日からビルマ国軍を中心として、日本軍に対するゲリラ戦法による一斉蜂起がビルマ中央部から南部にかけて開始される。

一方、ビルマ国軍は、一九四四年一〇月までビルマ各地に分散配置させられ、大半の兵士が日本軍の補助的労働(土木作業)に従事させられていた。そのため、軍としての機能を事実上果たせないでいたが、その後、国軍側の強い要望をビルマ方面軍が認める形で、一九四五年一月までに主力の歩兵七個大隊が配置されることとなった。

これによって、国軍は軍としての機能を回復・充実させるきっかけをつかんだばかりでなく、実際の蜂起への具体的展望を切り開くことができるようになったと言ってよい。一九四五年三月の国軍の総兵力は、一万一四八〇人となっていた。

イラワジの戦いで敗れた日本軍第一五軍、第三三軍がマンダレー街道を敗走する中、メイクテーラ、ヤメセン、ピンマナ、トングーおよびシャン州南部を管轄する第六管区地域で起きたビルマ国軍の蜂起は、激しいものとなった。

本作の前篇にあたるNHKスペシャル「戦慄の記録 インパール」放送直後から、私たちは、ミャンマー近現代史の第一人者である上智大学の根本敬教授(現名誉教授)のもとを何度も訪ねた。インパール後のビルマを伝える上で、ビルマ国軍と日本軍の関わりを正しく見ずして、この戦争の本質に近付けないと考えていたからである。

外交官であった父親が、まだビルマだったミャンマーに一九六二年から一九六四年にかけて赴任したことに伴い、根本氏も五歳から七歳のころ、首都ラングーンに暮らしていた。一九七七年三月、大学一年生の終わりにビルマを一二年半ぶりに再訪する機会を得ると、同国の風土やそこに住む人々の魅力に惹かれ、ビルマ語を学んでみたいと思うようになったという。また、古都マンダレーで、太平洋戦争期にビルマに侵攻してきた日本軍と一緒に英国植民地軍と戦ったというビルマ人男性と出会い、その方の経験談や日本語力に新鮮な驚きを覚える。これらがきっかけとなって、ビルマの近現代史に興味を抱くようになったとうかがった。

私たちは根本教授から、現在は見ることのできないミャンマー国軍が管理する資料館の記録(ビルマ国防省歴史研究院戦争公文書館所蔵資料)を見せてもらった。根本教授が一九八〇年代に現地に赴き、書き写してきたものだ。複写をすることは許されなかったという。現地で得られた記録をもとに書かれた論文「ビルマ抗日闘争の史的考察」は今回の番組制作の大きな後ろ盾となった。特に、興味深かったのが、以下のビルマ国軍へのゲリラ教育に関する内容だった(DRと書かれているのが、ビルマ国防省歴史研究院戦争公文書館所蔵資料である)。

「一九四五年始めの段階になると国軍の蜂起準備は具体的な展望を徐々に持ち始めてくるのであるが、一方で肝心な蜂起のための実質的訓練、すなわちゲリラ戦のための教育も行われるようになる。

これについては驚くべきことに、日本軍からビルマ国軍に派遣されていた軍事顧問らによって、一九四五年一月以降公認のゲリラ戦教育が推進されている。当時、ビルマ国民軍軍事顧問部の将校であった鈴木大和大佐は、戦後の一九五六年二月に記した二種類の回想録(DR752、DR242)の中でこの国軍内のゲリラ教育について触れている。それによると、一九四五年一月以降、ビルマ国軍に対する軍事顧問部の指導においては、国軍幹部の教育に重点が置かれ、それも主として遊撃戦に適した教育が実施されたとある(DR752)。

軍事顧問部がビルマ国軍にゲリラ教育を施した理由としては、連合軍の反攻が強まる中、イェーナンヂャウン〔エナンジョン〕西北方面での戦闘〔イラワディ〔イラワジ〕会戦〕の展開を予想して、ビルマ国軍を日本軍の補助隊として活用し、ゲリラ戦法で連合軍と戦わせようとしていたことが指摘できる。国軍にとってこれは極めて幸運なことであった。アウン・サン国防大臣は、同年一月末「ビルマの国防」(Defence of Burma)という一三頁にわたる公式の印刷物を英語でまとめ、連合軍と戦うにあたって、ビルマ国軍としては、ゲリラ戦とパルチザン戦法を最優先すべきであると主張し、日本軍はその教育に貢献すべきであると述べているが(DR49)、これは日本軍のそのような思惑を見通してのことであった。まさかゲリラ戦教育の成果がすぐそのあとで自分たちに向けられるなどとは予想もしていなかった軍事顧問らは、熱心に国軍を指導したようである。教育が順調に進んだのは鈴木少佐も回想録の中で記しており、日本軍軍事顧問によるビルマ国軍各部隊へのゲリラ戦教育の成果が抗日叛乱の際に生かされていたことをはっきりと認めている(DR242)」

ビルマ国軍は日本軍お墨付きのゲリラ戦教育で得た成果を抗日闘争において生かすことになったのである。

私たちは、根本教授から、DR242の資料「鈴木大和少佐によるビルマ国軍秘史(外史)」も見せてもらった。元ビルマ国軍軍事顧問部少佐鈴木大和氏が一九五六年に、かつての顧問部の活動について書いたものだ。「緬甸国軍の編成」(四〇〇字詰原稿用紙四枚)、「顧問部の編成」(同七枚)、「挿話」(同四枚)の直筆原稿が、ビルマ国防省歴史研究院戦争公文書館に所蔵されていたという。ビルマ国軍の戦略は、日本軍の教育そのままであったと記されていた。

「敢て誇張するならば、現在の独立せる緬甸国の根本を示したるものとも言い得るのである。緬甸軍の各部隊が、作業や戦闘行動に当り、一見して日本軍隊のそれと変化のなかったこと、及び反乱に当り通信網を遮断し先ず各部隊との連絡を絶ち、暗陰に乗じ其の首脳部を奇襲したことは、反乱の数週間前顧問の緬甸軍幹部の合同教育を行った時の「遊撃戦」の要領そのままであった事などでも其の一端をうかがえるものである」

これら日本には残されていない貴重な資料を、是非、現地で見たいという気持ちに駆られたが、今回の取材でも、閲覧許可が下りることはなかった。結果的に、私たちは、イギリスに残された資料に新たな事実を探る方針に変え、番組を制作していくこととなる。

イギリス機密文書に記されたイギリスの思惑

一九四五年に入ると、独立のために日本に協力していたインド国民軍の部隊も相次いで投降。大東亜共栄圏の足場が崩れ始めていた。私たちは、イギリスのインペリアル・ウォー・ミュージアムに残された数多くの映像の中に、連合軍に投降するインド国民軍を確認した。肩章・襟章・インド国民軍徽章などを身に着けておらず、あきらかに逃亡・脱走・集団投降であった。インド侵攻を目指した「インパール作戦」は無残に失敗し、インド独立を目指し、ともに戦ったインド国民軍からも見放されつつあった。

私たちはイギリスの公文書館で、イギリスがビルマ戦でのアウンサンらの行動をどこまで把握していたのかを、確認していった。

そして、日本との協力姿勢を転換しつつあったアウンサンの動きを早々に摑んでいた資料を見つけた。それは、「TOP SECRET CHART SHOWING RESISTANCE GROUPS AND THEIR LEADERS, AUGUST 44」と書かれた機密資料だった。それによると、一九四四年の八月の時点でイギリスはすでに、ビルマで抗日組織が密かに結成されたことを摑み、抗日グループの組織図なども作成して動向を分析していた。イギリスは、抗日組織の中核メンバーとしてアウンサンが関わっていることを早くから把握していたのである。抗日組織（パサパラ）の議長には、アウンサンが就任していたが、私たちが入手した資料には、共産党のタキン・ソウがこの組織の創設者とされており、アウンサンは、ポスト・タキン・ソウのニューリーダーの一人としてあげられていた。

イギリスは、その動きを冷静に見つめていた。一九四五年三月八日の東南アジア連合陸軍作戦指令二号の内部文書（「ビルマ抵抗運動の指導者とメンバーに対して採用すべき態度」）では、「将来について、ビルマ国軍や反ファシスト組織の将校から質問を受ける可能性があり、その場合、次の指示を厳守しなければならない」として、以下の指導がなされた。

「彼らが国王陛下政府〔イギリス〕に対する過去の犯罪〔対英戦争〕についての質問をした場合、それらは忘れられることはなく、いずれは裁判にかけられる可能性があることを伝えること。しかし、連合国軍の大義に対する貢献は考慮される。また、その行動がどの程度まで功労として認められるかは、その人の連合国軍の大義への積極的かつ効果的な支援の度合いに依存することを明確にすること」

「アウンサンらの抗日活動は彼等自身にとってメリットになるとにおわせるべきだ。だが、私たちはそれ以上踏み込むべきではない。アウンサンらが接触してきても政治的な議論は拒否するという方針を貫くことが大事である」

抗日蜂起の直前であっても、イギリスがビルマの抗日組織と距離をおいていたことを示す資料である。根本教授も、「ビルマ国軍は、最初からイギリス軍と手を結んでいたかのように語られることがあるが、そうではない」と指摘する。アウンサンは、日本軍という「重し」がビルマで急速に力を失いつつあるなか、対日協力という立ち位置はもはや政治的な意味を持たず、今こそ「抵抗と協力のはざま」から抜け出る時が来たと考え、重大な政治判断をしたのだった。

櫻井徳太郎少将の日誌　ビルマ方面軍の皮算用

アウンサンの水面下の抗日への動きを、日本軍は全く摑んでいなかった。

一九四五年に入り、ビルマ方面軍は、ビルマ国軍をさらに増強し、前線に送り込む検討すら始めていた。

高木俊朗が残したカセットテープには、高木とビルマ方面軍後方参謀の後勝少佐とのやりとりが記録されている。

「特に作戦課というのは、鼻息が荒いですからね。一〇万とかのビルマ陸軍を作ってなんとかかんとかと豪壮な計画はありましたけれどもとてもじゃない。そんな夢みたいなことを言い出すわけなんです」

この時期、ある人事異動が行われていた。一九四五年二月に、ビルマ国軍軍事顧問部最高顧問・澤本理吉郎少将が、第三三軍参謀長に転じたのである。イラワジの戦いがまさに行われているさなかのことであった。その背景は第3章に記した。戦争末期において、人事も混迷していくさまがうかがえる。

代わって二月一八日、ビルマ国軍最高顧問に就いたのが櫻《さくら》井《い》徳《とく》太《た》郎《ろう》少将だった。櫻井少将は、第二八軍隷下第五五師団の歩兵団長からの異動だった。私たちは、櫻井少将の日誌を入手した。そこからは、当時のビルマ方面軍の増強計画と、懸命にビルマ国軍との関係を修復しようという模索が鮮明に浮かび上がってきた。戦地で書き記された将官クラスの日誌は極めて重要なものだ。ビルマ国軍を主導していた櫻井少将の就任早々の日誌には、ビルマ国軍を切り札としたいという考えが克明に記されていた。

「緬甸軍の話を聞く、遠慮せず誠を以て指導せんとす　軍司令部にて〔木村〕軍司令官〔田中〕参謀長青木嘉悦参謀と話をなす　腹蔵なく話をなし腹を合わせて実行すること必要なり　ビルマ国軍五万と国民軍〔民兵〕一〇〇万を直ちに実行せんことを期し　日本顧問を増加して　各〔ビルマ軍〕師団の建軍を要求することを田中参謀長とも話をなす」（一九四五年二月二六日）

さらに、ビルマ国軍増強計画に伴い、顧問部のスキルアップを促しつつ、日緬の関係を良好にしていこうという意志を感じる日誌が続く。これまで、日本軍の補助的労働（土木作業）に従事させられていたビルマ国軍を、戦地に派遣することも決定されていく。

櫻井徳太郎少将

「〔ビルマ国軍軍事顧問部〕顧問にビルマ語の練習をすることを命ず　十五時バーモ長官を訪問す、オンサン、士官学校長来りあり　明日〔ビルマ国軍〕幼年学校卒業式に〔バモオ〕国家主席出席することを申込に来りしなり「緬甸にて日緬同舟、舟に穴あきたるを以て早く修理　水を汲み出すべし　又盗人緬甸に侵入す之れを捕うるか　力なければ大声にて呼べば退散すべし　要するに無為は不可なり」（二月二七日）

そして、以上の増強計画に着手するに先立ち、差し当たりの措置として、現存ビルマ国軍を五大隊に改編し、うち三大隊（約三〇〇〇名）を第一戦に推進することにした。

櫻井少将の考えていた雨季入りまでのビルマ国軍の用法は、

①日本軍の戦略斬込に三大隊を随行させ、遊撃戦および鹵獲品の運搬に当たらせる

②マンダレー戦線を日本軍と交替して陽動および民防衛の強化を図る

③日本軍各師団の守備区域内民防衛を強化拡充する

というものであった。

三月八日、櫻井少将は、第二八軍司令部を訪ね、軍司令官・櫻井省三《さくらいしょうぞう》中将、参謀長・岩畔豪雄《いわくろひでお》少将と会談した。その結果ビルマ国軍の三大隊は同軍に配属し、同軍はこれをプローム（現ピィ）からイラワジ河対岸のエナンジョンに渡河させその地で使用することで意見の一致を見た。

この頃、軍事顧問部では、ビルマ国軍が日本軍に対してではなく、バモオに対して不満を抱いていると認識していたが、アウンサンらが反日であることは把握していなかった。

櫻井少将の日誌でも「国軍中ニハ反パーモ気運横溢シアリ　誠ニ困リモノナリ」（一九四五年三月一一日）とあり、「一田〔次郎〕少将ト一処ニナリバーモ訪ル　書斉ニテ話ス　オンサント不仲ニシテ　一向話ヲナシアラザルガ如ク誠ニ不可ナリ　之レハ調停ヲ要スル件ナリ」（三月一三日）とバモオとアウンサ

ンとの調停が必要と考えていた。

日誌には、ビルマ国軍の増強をこれまで図らなかったことへの疑問も呈される。

「緬甸国軍ハ日本軍ト共ニ緬甸志士等三十志士ヲ中心ニ発足　謀略軍トシテラングーンニ入リ一時十万ニモナリタルヲ整理シテ七千ニ縮小サレテ今日トナリアリ　之レハ失敗デアツタト思ハレル　何故自力防衛ノ国防軍ヲ整備シナカツタカデアル」(三月一四日)

ビルマ国軍の蜂起

三月一七日、ビルマ国軍は対英作戦の出陣式の日を迎えた。出陣式はラングーンのシュエダゴン・パゴダ西側広場にて午前一〇時開始と決められていたが、ビルマ国軍の集合が遅れ四五分遅れで始まった。アウンサン軍司令官に国旗が授与され、出陣の辞に続いて、分列式があり、一同バモオ首相に敬礼して一二時に式典は終わった。この後、ビルマ国軍は式場を出発して市中を行進した。

アウンサンは出陣する全部隊を前にして、次のような意味深長なメッセージを述べた。

「兵士諸君!　くどくは言うまい。今から戦場へ出陣する。苦しいだろう。飢えるかも知れない。様々な困難に直面するだろう。だが、ビルマ人としてビルマ人の意気を示せ。上官の命令に従え。上官は兵士と一心になれ。諸君に約束していたとおり、自分も兵士諸君と共に出陣する。ビルマの敵を粉砕せよ。身近な敵を探して攻撃せよ。以上」

そしてアウンサンは三月二二日、軍事顧問部にもバモオ首相にも無断で姿を消し、櫻井少将らを慌てさせた。アウンサンはこのとき蜂起に先立って様々な調整をするために、先発隊を追うようにプロームの手前シュウェダウンに向かったのであるが、この時に至ってはじめて軍事顧問部はビルマ国軍が何かを企てているのではないかと疑いを持ち始めた。

三月二三日の日誌では、櫻井少将はアウンサンが軍事顧問の高橋八郎大尉にも告げずひそかに出発したことと、また、イラワジ・デルタ地帯の配備に移るべき大隊も前夜に逃亡したことを憲兵からの報告によって知ったことが記されている。

さらに三月二三日午後一〇時頃、ビルマ士官学校生徒は各兵舎毎に一斉に全員逃亡した。

こうした動きを受けて、櫻井少将もアウンサンと面会を求めて動き出す。

櫻井少将は、アウンサンと連絡するため、まずパウンデ(プロームの南東約四〇キロ)に向かった。ビルマ国軍参謀長ゼーヤー大佐もまた高橋八郎大尉とともにアウンサンの後を追った。

高橋大尉は、プロームの南方シュウェダウンでアウンサンに追い付くことができた。二人は、次の問答を交わしたと言われている。

高橋「今後あなたはどうするつもりか」

アウンサン「これからも引き続き日本と行動を共にすることはビルマの滅亡を意味する」

それに先立つ一九四四年一〇月、各部隊から引き抜いた優秀な人材を集めて、下級幹部を養成するための教導隊(模範隊)がペグー(現バゴー)に設置され、共産党系将校の一人であるチョオゾオ少佐が隊長に任命されていた(「鈴木大和少佐によるビルマ国軍秘史(外史)DR242」)。

三月二七日早朝、軍事顧問部は不穏な動きが伝えられていたペグーにあるビルマ国軍模範隊を急遽視察した。しかし、視察の直前にその情報を得たチョオゾウ少佐は、完璧な準備をして将兵らの口裏を合わせたため、軍事顧問部は何の証拠も見つけることができず、ついにアウンサンらの反乱計画を事前に知ることはできなかった。チョオゾウ少佐は事前に、アウンサンにも使者を出して、状況の緊迫化を伝えていたため、アウンサンは、日本軍が国軍に対する包囲網を作り上げる前に蜂起しなければならないと考え、四月二日と定めていた蜂起開始日を三月二七日に繰り上げる決心をする。

ペグーにいたミャタンさんも、ビルマ国軍蜂起直前のことを鮮明に記憶していた。

「一九四五年の三月に入ってからだと思います。シュウモウロウ仏塔の西門にビルマ国軍の兵士が一〇〇〇名ぐらい集まりました。そこにチョオゾオ少佐が馬に乗ってきて、演説をしたんです。

お昼一二時過ぎにはその一〇〇〇名以上の兵士たちが跡形もなく消えちゃったんです。日本軍は兵士たちがいなくなったことに気づいて、ペグー中を探し始めた。そして、今朝の演説で何かあったと感じたんでしょう。うちのお父さんが見張りをさせられていたけど、いつもと違って大勢で日本兵が来たから、お父さんは、怖くて逃げたんです。向こうも、いなくなった兵隊だと勘違いしたのか、追ってきたので、たくさんの毛布でお父さんを隠しました。日本兵は、うちだけじゃなく一軒一軒探していました」

三月二七日、櫻井少将のもとに届いた諸報告は、悲観的なものばかりだった。

「タキン・ヌウ、タキン・タントン、タキン・ランボ、タキン・ニレー、タキン・チワなどの共産党員の煽動により国内の事情は重大化の虞れがあり、すみやかにこれら党員を処分する必要がある」

「ペグーの第三大隊では約二〇〇名が逃亡した」

二七日夜七時三〇分蜂起が開始された。この日の櫻井少将の日誌には「二十一時―二十三時飛行場歩哨を攻撃せる者あり非常警戒に移る」と緊迫した状況が記されている。

翌二八日には、アウンサン率いる青年活動家グループ「三〇人の志士」の一人として海南島で南機関から過酷な軍事訓練を受けたネウイン(戦後首相となる)の反乱が起き、さらなる追い打ちをかける。

「シモン大佐(ネウイン)プロームにて緬甸軍を指揮しあり　兵力一万に達し反日反英独立を唱えありと　容易ならぬことなり」(三月二八日)

櫻井少将の苦悩

ビルマ国軍の日本人軍事顧問約一〇〇名中、少なくとも二〇名以上が蜂起において殺害されたが、多くの場合は捕虜となった。

軍事顧問部は、しばらくのあいだは、ビルマ国軍が日本軍ではなくバモオに対して不満を抱いたために「逃亡」したとみなし、アウンサンらはけっして反日ではないと認識していた。軍事顧問部は、バモオに替えてビルマの王室を復活させればビルマ国軍は戻ってくると考え、そのような意見具申をビルマ方面軍司令部に行った。櫻井少将の日誌にも次のような記述がある。

「バーモの下には国軍は一人もつかず人民も僧もつかざること明かとなりたり　内閣を王の下で作

りタキンバセインを呼べば何とかなる等の方が可なりとの意見なり」（三月二九日）

しかし、そのような提案はバモオを最後まで担ごうとした方面軍によって拒絶された。

「軍司令部に行き参謀長に会ふ、軍司令部はバーモ一点張にて王党を立つることに同意せず　参謀部は反対の空気濃厚なり遂に之れを説得せるものと思ひたるに結果は然らざりきバーモをあく迄立つる案に軍司令部は傾きあり非常措置に対し強き反対あり」（三月三一日）

その後も櫻井少将は反乱を鎮圧しようと奔走したが、失敗に終わった。

「参謀部全く熱意なきは残念なり　バーモを無視することは出来ぬこととなるも　王党及び僧を利用して叛乱軍を帰順せしむることは大切と思ふも　日本軍の旗色悪き今日〔鎮圧〕成功の公算は疑はしくなりたり」（四月一日）

「顧問部解散予は歩兵学校附に転出せりと之れにて万事休す　何としても残念なことなり」（四月二日）

櫻井徳太郎少将はその後、日本に帰国。第二一二師団の師団長として、終戦間際に連合国軍の九州南部上陸に備えていたが、上陸はなくその地で終戦を迎えた。戦後は得度し、全国を行脚して忠霊塔の建立、保存に努めた。櫻井元少将には、陣中日誌を「ビルマ会の戦友に公開したい」との意向があったという。

手記の引用にあたって私たちは、九州に暮らす遺族、孫の康行さんのもとを訪ねた。康行さんからはビルマ国軍軍事顧問部最高顧問時代だけでなく、ビルマでの膨大な日誌を見せていただいた。どの頁もびっしりと文字が書かれ、櫻井少将の几帳面さがうかがえるものであった。当時、多くの将校が、こうした日誌をつけていたにもかかわらず、それらが残されることは少なかった。櫻井少将が遺したものは、私たちに多くの教訓を示してくれる。改めて、史実を記録することの意義を痛感させられるとともに、それを伝えようとした強い遺志を感じた。

抗日一斉蜂起　ビルマ国軍元少尉の証言

本稿を執筆中、ビルマ国軍の日本の指導官たち(ビルマ国軍軍事顧問部)の編成表を改めてみた。根本教授がかつてビルマ国防省歴史研究院戦争公文書館で書き写したものを、以前にコピーさせていただいたものだ。

指導部長：少佐　若松満則
指導官：大尉　野田毅

士官学校三期生のバティンさんに初めて会ったとき、こう言っていたことを思い出した。

「私たちのときは、隊長はノダという日本人でした。直接仕切る隊長は、ナカヤマという人でした」

取材を通じて、当時のビルマ国軍とそれを監視し軍事指導を行う国軍軍事顧問部の状況がつながった。その野田大尉の遺稿も、ビルマ国防省歴史研究院戦争公文書館に残されていた(DR239)。中でも、天長節(四月二九日)と、その翌日のことを書いた文書が、とても印象深く心に残った。

「昭和一八年四月二九日　天長節　ビルマ防衛軍兵士らに、「天皇陛下万歳」を叫ばせる。有史以来、誰がビルマ人をして天皇陛下万歳を叫ぶことを予想したことがあろうか。八紘一宇(「世界を一つの家にする」の意。大東亜共栄圏の建設を意味した)は目の前に事実として実現しつつある。例え、「ラッパ」の君が代はまずかろうと、其の万歳の「アクセント」がおかしかろうと、事実は事実なのである。

日本皇道宣布の礎石たるべく私たちはまだまだ勉めなければならぬ。まだ、私たちは奉公が足りない。皇道を兄弟民族に知らせ、治らせ、しみ込ませるものは我等でなければならぬ。否、私でなければならない。我一人無くしてビルマ軍の皇道化なし」

「昭和一八年四月三〇日　日の本の皇道は東より西へ宣布せらる。地球を一回りして日本へ帰って来た時初めて八紘一宇は実現せられるのである。即ちは東の皇化は西へ西へと及ぼさねばならない」

バティンさんは、「天皇陛下万歳」という日本語をよく話したが、その背景が野田元少佐の言葉からもよく分かる。こうした教育を受けていたビルマの若者たちも、反乱部隊へと次々に参加していった。士官学校を卒業し、将校として反乱軍に加わったバティンさんは、インタビューで独立への強い思いを語っていた。

「一八歳にならないと軍隊に入れない時代でした。私はまだ一七なのに、嘘をついて軍隊に入ったのです」

バティンさんは、士官学校を卒業後、アウンサンの警護にあたり、ビルマ方面軍木村兵太郎司令官とアウンサンが交流する姿を間近で見ていた。

「革命が近くなってきたころ、アウンサンのもとをビルマ方面軍の司令官が何度も訪ねてきました。

一〜二時間も待った後にアウンサンが出てくると、司令官はとても仲がよさそうに、抱きつかんばかりでした。アウンサンの真意を確かめようとしていたんだと思います」

バティンさんたちビルマの青年将校たちも、蜂起をきっかけに新たな苛烈な戦闘へと巻き込まれていった。

ミャンマーで取材をしていると、アウンサンの像を至る所で見かける。ときには、金色に輝くものもある。ビルマ「建国の父」として讃えられていることがうかがえる。ピィ（旧プローム）の街の中心部にもアウンサンの銅像があった。私たちはピィを通って、アウンサンが潜伏していた僧院を目指した。

日本のイラワジでの敗北が決定的となった一九四五年三月下旬、アウンサンはラングーンの北方二七〇キロのシュエダウンにある、シュエナタン・パゴダという僧院にいた。この後いくつかの村を通って、三月二七日、タヤットの隣にあるポンナ村で、「抗日闘争」宣言を行った。

アウンサンは、その時の考えを、戦後に書いた自伝で語っている。

「私たちは日本が行っているはったりを暴露しなければならない。同時に私たちが真の反ファシストであることをはっきりと世界に示す必要がある。日本軍に対して、立ち上がらなければならない」

（『ビルマの挑戦（*Burma's Challenge*）』）

ビルマでは、反日の反乱のことを〝革命〟と呼んでいる。しかし、バティンさんたちは、この「革命」については一切知らされていなかったという。

「革命は内緒だからね、絶対、私たちには教えてくれなかったよ。前線に行けと言われて、みんなで出てきたけど、それを革命だとは知らなかったですね。前線に着いてから初めて革命だと聞かされたんです。相当乱暴な扱いやいじめを受けて日本軍を憎んでいたから、みんな喜んで戦おうと思ったんです」

一九四五年四月、日本軍への反乱はビルマ全土に拡がっていった。

「私たちは好きで戦ったわけじゃない。独立のために仕方なく戦ったんです。ビルマ人を支配し続けようとする日本を追い出したかったのです。激戦となった村では、ビルマ国軍の二人が日本軍に捕まり、即座に首を切り落とされました。村人も同じことをされたらしいです。

その後、ビルマ人の商人のふりをしたビルマ語ペラペラの日本兵二人が村に入ってきたので、私たちも二人を捕まえて、首を切って殺しました。スパイの二人に逃げられたらこちらの情報は全部伝わってしまうから、日本軍と同じことを私たちもやらざるをえなかったのです」

私たちは、イギリスのインペリアル・ウォー・ミュージアムで、日本に反乱を起こしたビルマ兵の映像を探し出した。行軍する兵士たちの中には少年の姿も多く見られた。

ビルマ国軍に協力した当時一〇歳の少年ミャタンさんは、疎開先の村で人々がビルマ国軍を支援していた様子を話してくれた。ミャタンさんは村長の家で兵站を任されたという。

「私たち兄弟は村長らに頼まれて、村の各家から集めた御飯とおかずを革命軍のところへ毎日運びました。革命軍の兵士たちとは毎日挨拶や話をしましたし、たまに飴をもらったりしました。農家であれ、インテリであれ、若者であれ、みんな日本軍に嫌な思いをさせられていたので、ビルマ国軍に加わったんです」

若き日本軍将校の思い

こうしたビルマ国軍の反乱に対して、忸怩《じくじ》たる思いを抱えていた日本人の青年将校がいた。ビルマ戦線で苦闘していた歩兵第一四三連隊・岩井常吉少尉だ。私たちは岩井少尉がビルマで書いた日誌を入手した。

ビルマ戦線に従軍した兵士には四国の兵士も多い。徳島で取材している時、ある遺族から『ビルマ戦線・生と死　戦火の跡』という私費出版の本を見せてもらった。岩井元少尉が戦地で書いた日誌をもとにして書かれた本だった。発行者は娘の井手千代子さん。「はじめに」の文章に、千代子さんの思いが記されていた。

「父が亡くなったのは、昭和六三年三月四日でした。その直後に、古びた手帳が出てきました。それは、ビルマ戦陣で終戦となり「アーロン」抑留所のトイレットペーパーに記された戦陣の記録であった。鉛筆の跡も消え勝《がち》であるが、二百ページに及ぶ父のビルマ戦線の戦火の跡でした。〔中略〕手記の中に「私たちが望むのは戦いではない、戦いのない真の世界平和だ」と書き残した部分があります。父が私達に一番に伝えたい言葉だったと思います」

岩井少尉は、かつて日本の陸軍士官学校でビルマの留学生たちと共に学んだ経験があった。それゆえ、ビルマ国軍の反乱に対する思いは言葉に尽くせぬものがあった。

「今まで信頼しきっていたオンサン〔アウンサン〕が首謀になり　かつまた日本の士官学校で　机を共にした　同期のビルマ留学生が中堅指導者になっているのは　腸《はらわた》がちぎれるほど口惜しかった　彼等反乱軍は　民衆に対して「日本軍の糧秣　弾薬を奪え」「日本兵を殺せ」「日本軍はビルマの女に数千人の子どもを産ませた」「ビルマの寺院を汚した」等々　大きく書きたてて、民衆をあふっている既に　四周これ敵だ」

「戦火の跡」は、現地で書いた日誌のタイトルであった。昭和二〇年一月から始まる日誌には、ビルマ国軍反乱も含めた当時の様子が綿密に記録されていた。当時二〇歳の青年将校の文章は鬼気迫るものがあった。

ご遺族に連絡がとりたいと思い、書籍に書いてある住所を訪ねた。引っ越してしまった後ではあったが、近くに暮らす親戚を通して連絡をとることができた。残念ながら、井手千代子さんは入院中で

岩井常吉少尉

面会は叶わなかったが、千代子さんの弟・岩井久仁彦さんから、本の元となった日誌を借りることができた。岩井常吉さんの仏壇に大切に保管されてあったという。残念ながら、千代子さんはそれからまもなく逝去された。放送を見ていただくことはできなかったが、番組で最後に流れる協力者の名前は「井手千代子」とした。「自分ではなく姉の名前にしてほしい」という久仁彦さんのご希望であった。

大東亜共栄圏の「同志」だったビルマ軍の反乱。窮地に追い込まれた日本軍は、さらなる「絶望」に呑み込まれていく。

第6章

危機迫るラングーン
司令部撤退の衝撃

旧ビルマ方面軍司令部(現ヤンゴン大学)

イギリス軍、ラングーンに南下

一九四五年三月三日、イギリス軍の機甲兵団は、第一五軍が防衛するイラワジ河の戦線を突破し、背後の要衝メイクテーラを占領した。日本軍指導者の欠陥を〝道徳的勇気の欠如〟と喝破したイギリス軍ウィリアム・スリム中将にとって、次なる軍事目標は明白だった。雨季の到来前に首都ラングーンを攻略することである。

日本軍が前年のインパール作戦において塗炭の苦しみを味わったビルマの雨季は、わずか七〜八週間後に迫っている。雨季に入れば、道路という道路は泥濘化し、将兵の健康は損なわれ、補給は途絶する。イギリス軍といえども、進軍は停滞する。日本軍に戦力を立て直す機会と時間を与えず、一気にラングーンを占領することが最も合理的な戦略だった。

一方、日本軍は、イラワジやメイクテーラの戦いで、主力部隊の第一五軍と第三三軍の双方ともが潰滅的な打撃を受け、戦力の低下は著しかった。さらに、大東亜共栄圏の「優等生」であったアウンサン率いるビルマ国軍からも反乱を起こされ、「既に　四周これ敵だ」(歩兵第一四三連隊・岩井常吉少尉)の状況にあった。ビルマ戦線を維持することが極めて困難な情勢になる中、「絶望の戦場」の舞台は、首都ラングーンに移っていく。

ラングーンに残る戦争の痕跡

英領ビルマの首都ラングーンは、現在、ミャンマー最大の都市ヤンゴンである。「ヤンゴン」はビルマ語で「将来にわたって戦いのない街」の意とされる。だが、一九世紀の英緬戦争にはじまり、イギリス植民地支配、日本軍の占領統治と、戦火が消えることはなかった。私たちが取材で訪れたときも軍事政権の厳戒態勢下で、ヤンゴン市庁舎前にはバリケードが張られ銃を持った兵士がいるなど緊張感が漂っていた。

日本の占領支配の拠点だったヤンゴンには、多数の太平洋戦争時の遺構が残されている。先述の通り、シュエダゴン・パゴダから四キロほど北方にあるヤンゴン大学はそのひとつである。先に大学内で撮影した独立運動のリーダー、アウンサンが学んだ部屋とは別棟のレンガ造りの重厚な建物に向かった。戦争末期に、そこには日本のビルマ方面軍の司令部が置かれていたという。

ヤンゴン大学にはもうひとつ戦争の遺構が残されていた。校内のはずれにある朽ち果てた長屋のような建物。ここは、空襲や病気で命を落とした人たちの遺体安置所だという。一九四五年に入ると空襲も激しくなり、この施設の利用も多くなっていく。

案内してくれた警備員のミョータントさんは、次のように教えてくれた。

「死んだ人が多くてスペースが足りないから、一階にも二階にも死体が重なっていたという話を聞きました。病院で死んだ人のはらわたを取った後、ここに持ってきて重ねて置いていたという話も聞きました。いまでも霊が出るとよく噂されていました」

建物の中は薄暗く、至る所にカビが生え、朽ち果てる寸前の廃墟だった。七七年前の空気が妖気となって漂っているようだった。

蘭貢高射砲隊・若井徳次少尉が残した史料

ビルマ最後の一年におけるラングーンを描く資料はないか、国内でも私たちは取材を続けていた。当初から気になっていたある資料があった。『ビルマ戦 戦争と人間の記録』という回想録だ。著者小《こ》宮徳次《みやとくじ》氏(一九一七年生)は、戦後小宮姓となったが、戦中は若井《わかい》徳次少尉としてビルマ戦を戦った。若井少尉は、一九四三年二月にビルマに出征して蘭貢《ラングーン》高射砲隊に所属し、ラングーンの防空の任務に当たっていた。ラングーンがイギリス軍に占領されて以降は、第二八軍の隷下に入り絶望的な行軍をなんとか生き延び、内地に帰還した。

この回想録に注目したのは、小宮氏がラングーンで起きていた混乱や悲劇をつぶさに目撃していたこと。そして将校でありながら軍隊や戦争の実態を、忖度抜きに客観的に描写しようとする姿勢が文章からにじみ出ていたからだった。さらに巻末には、偶然にも、戦記作家・高木俊朗との対談も記載されていた。

高木は回想録を次のように高く評価していた。

「いままで戦争記録がたくさん出ていますが、軍隊の言葉でいうと軍紀、風紀といいますが、軍紀、風紀の乱れについて書いた本は非常に少ないんです。小宮さんがお書きになったこの本は、まずそれを書いているところが一つの特色だと思うんです。なにか軍隊の軍紀、風紀については書かないと言うことが、日本の戦記文学の一つの約束になっているような気がするんです。〔中略〕その点、小宮さんの書かれた本の中では、軍隊がタブーとしてきた軍紀の乱れを描いている。そういう意味でも大変興味深く読みました。〔中略〕私は、小宮さんの今度の本を読んで痛感したことは、戦争を遂行した連中がいかに無責任で、いい加減なことをしていたかということですね。それが読後の感想として強く感じます」

取材を進めると、上下巻の書籍の下敷きとなった私費出版の回想録も存在することがわかった。そして、千代田区にある昭和館で見つけたのが、約六〇〇頁に及ぶ大著『還らざる戦友《とも》』である。冒頭のはしがきから、戦争体験を書き残すことへの小宮氏の強い信念が綴られていた。

若井徳次少尉

「あの激しい戦争中、多数の戦友が病み、傷つき、死んでいった中で、病魔にも犯されず擦り傷一つ負はずに生き残れた所以のものは……何か、「天が私に生存を許したものは、果して何をさせる為に」と気にし乍らも、解明の出来ぬ儘に年月を過して、此の日を迎えたのである。戦争の悪と惨禍、しかもそれを背景とした人間心理の美醜は、体験した者しか解らない。戦争を放棄した日本が、再び昔の愚を繰り返すことなく、永久に武力行使を止めて恒久的世界の大和を実現する為にも、その愚かな実態を書き残して後輩に伝えなければならない。それに依って英霊の魂を慰めよう、それが私を生還させた天意であると悟った」
回想録は、戦地で綴ったメモや日記をもとに書き進めていったと記されていた。存命であれば一〇〇歳をゆうに超えるため、本人に会える可能性は限りなく低いだろう。だが、ご遺族が何か資料をお持ちではないだろうか。私たちは取材を進めていった。

放送三ヵ月前の五月下旬、夏を先取りしたかのような日差しの強い日だった。東京都豊島区の一軒家の前に、私たちは立っていた。
やや緊張しながらインターフォンに手を伸ばそうとした時、「何かご用ですか？」と後ろから女性に声をかけられた。買い物帰りの様子からきっと住民の方だろうと、しどろもどろになりながら、小宮徳次さんという方が書いた回想録に関心を持ち取材している旨をお伝えした。すると女性は「小宮徳次は私の父です」と言った。

これが小宮徳次さん(若井徳次少尉)の三女、小宮晴美さん(六九)との出会いだった。私たちは、改めて突然訪問した非礼をわび、取材の趣旨を伝えた。晴美さんによると、残念ながら徳次さんは他界していたが、「父はメモ魔でしたし、戦地のものを大切にしていました。何か残っていると思いますので探してみます」との話をいただいた。取材への協力についてその場では留保されたが、後日「父の本がお役に立てるのなら」と快諾いただいた。

一週間後再訪すると、晴美さんに加え、長女の斉藤房子さん(七三)、四女の浅原薫さん(六七)も同席してくださった。案内された仏間には、私たちの想像を超える徳次さんの遺品の数々が並べられていた。まず目を引いたのは、戦地から持ち帰った装備品だ。外套と背嚢は、保存状態がいいものの、皺がよってカーキ色がさらに深まり、戦場の空気を吸い込んだような質感があった。「若井」と刻印されたアルミの水筒は、周りに無数の傷があり、壮絶な戦場の記憶が刻みつけられているようだった。次に目にとまったのが、黄ばみ、端が少し破れたメモや日記の束だ。徳次さんが戦地で書き残したものだという。細かく丁寧な字でびっしり書き込まれていたが、十分に判読できるものだった。まさに戦場の一次資料に接する僥倖に私達は恵まれたのである。

徳次さんは戦後、銀行マンとして日本の経済復興に汗を流した。銀行から出向となった頃から、当時の日記やメモをもとにコツコツと戦場の体験を原稿に書き溜め始めた。そして、戦後三〇年目に当たる一九七五年に『還らざる戦友』を出版したのである。「私を生還させた天意」を感じ執筆をしていたからか、毎週末に鬼気迫る姿で机に向かっていた徳次さんの姿を、子供たちは鮮明に覚えているという。何度も何度も推敲を重ねたため、原稿は四つの段ボール箱を一杯にするほどになった。原稿一枚一枚に書き付けられた手書き文字、そして積み上げられた原稿の量に徳次さんの執念を感じずにはいられなかった。

戦地に赴いた故人の遺品が、いまもこれほど残されているケースは稀である。その理由を尋ねると、長女房子さんは次のように教えてくれた。

「やっぱり四年間の苦しい思いをしてきたっていう父の思いが、すごく私たちにも伝わってますので、それを廃棄することができなくて。亡くなってから一七年たつんですけれども。姉妹でもどうしようかって言ってるんです。「これ捨てられないね、捨てられないね」っていう思いで。私たちも年なので、断捨離しなければいけないんですけど、父の物となると、何か無碍《むげ》にできなくて……」

娘さんらの逡巡がなければ、私たちはこの貴重な資料と出会えなかっただろう。今回の取材での不思議な「ご縁」の一つである。さらに、次女の橋本多恵さん(七一)も加わり、原稿の一部を徳次さん自らが朗読したカセットテープも見つけてくださった。私たちは、ついに終戦間際のラングーンを知る手がかりを得たのである。

若井徳次少尉が見たラングーン「芸者と上級将校」

ビルマに出征した若井徳次少尉は、「蘭貢《ラングーン》高射砲隊司令部部隊」に所属し、ラングーンの防空戦闘に従事した。一九四四年一二月にはB29の来襲に対し五機を撃墜し、その戦果は「日本ニュース」でも取り上げられるほどだった。

だが先述の通り一九四五年になると中部の要衝メイクテーラを失陥し、戦況は急激に悪化していた。

小宮さんは当時の心境を次のように回想している。

「敗色愈々《いよいよ》色を濃くした現状が打開できるであろうか。兎に角ビルマ戦は遂に最悪状態に突入しつつあることに間違いはない。或は住み慣れた蘭貢のこの常盤台が、私たちの墳墓《ふんぼ》の地となるかも知れない」(『還らざる戦友』)

悲壮な覚悟を吐露する一方、回想録には憤りの言葉も綴られていた。その矛先はラングーンにおける軍上層部の情けない姿に向けられていた。

「戦況逆転したこの時点に於ける一部軍人の行動は、真に憂う可き日本人の欠点をさらけ出したかに思われた。国家危急存亡の重大時期に於て、友を忘れ、国益に反し、自己の利得のみを追及する挙句、軍紀を紊《みだ》して勝手放題の振舞、特に芸者を中心とした此の種上級将校の乱脈振りには目を覆うものがあった。好調の時、又は逆境に於て犯す人間の誤ち、それは何か日本人の心奥に持つ特有な重大欠陥が暴露された思いである」(『還らざる戦友』)

危機から目をそらす一部の将校の姿に、若井少尉は日本人の欠陥を見いだしていたのである。

ラングーンの上級将校が芸者遊びに励んでいた場所が、先述した料亭「萃香園《すいこうえん》」である。萃香園は、もともと福岡県久留米市にあった高級料亭が、芸者ら数百人をつれて、ラングーンに出店。上級将校専用の慰安施設となっていた。

萃香園については、様々な文献に記録が残されている。例えば、外交官・石射猪太郎《いしいいたろう》の日記をもとにした回想録『外交官の一生』である。石射は、上海各総領事、東亜局長として対中国外交の前面に立って、軍部の独走に抗しつつ、戦争終結の道を模索したが不首尾に終わり、一九四四年一〇月にビルマ大使としてラングーンに赴任した。文官や民間人が、萃香園に通い詰める将校を揶揄し「萃香園参謀」と呼んでいたと振り返っている。

「前線にはまだ距離のあるラングーンではあったが、敵は逐日われに接近し、敵の空襲は激しくなるばかりの中にあって、上級将校は上級将校で女と酒の逸楽に荒んでいた。大使官邸の裏手にある翠《ママ》香園というのが、彼らの夜の花園であって、そこに貼り出された遊興規則には「戦力を増強するごとく使用すべし」とあったという。そこで戦力増強中の軍司令部の将校達が口走るのであろう、話を聞きはさんだ女達の口から、軍機のはしはしが、よく外部に洩れてくるのは笑止であった。外部では、参謀達を、翠《ママ》香園参謀と呼んでいた」

また、ビルマ大使館職員・田村正太郎氏も『ビルマ脱出記』の中で記録を残している。田村氏は、一九四四年末、外務省から「自由インド仮政府に対し公使を派遣することになったので代表部新設の建物を確保せよ」と命じられた。翌年二月に入り、ようやく確保しかけた場所を、軍参謀が萃香園用に横取りしそうになったエピソードを、憤懣やるかたない様子で回想している。

「二月半ばになっても返事がないので、私は光機関長の磯田三郎中将に面会を求めた。中将の机の前に座って話をしている最中に、部屋に入ってきた高木秀三参謀が、機関長に、「例のあの建物を、先日の爆撃で破壊された粋《ママ》香園用に使用したいのですが」と話しかけた。これを聞いた私は、思わずカッとなって、机を叩いて立ち上がり、「貴方は切迫したラングーンの状況をなんと心得ているのですか。この期に及んでまだ慰安用の料亭を、いやしくも政府の外交機関である代表部より大事にするとは、もってのほかです！」と大声で怒鳴った。

ありありと困惑の色をうかべた磯田中将は、「田村君の言うとおりだ、あの建物は急いで代表部用に改装するように手配しなさい。蜂谷〔輝雄〕公使の到着に間に合わないと困るから」と、少し声を大きくして命令し、この鶴の一声で問題は一挙に解決した。
しかし北からも、西からもまた南からも敵の攻撃が激化し、ラングーンの運命が累卵の危うきにあるという時期に、なお料亭の再開に熱をあげている軍幹部がいるという事実を知って、私はやり場のない怒りに煮えくりかえる思いであった」

民間人だけでなく、軍幹部の中にもこの状況を悲憤していた人物がいた。ビルマ方面軍の後方参謀、後勝少佐である。回想録『ビルマ戦記』には次のような記述がある。

「古来〝英雄は色を好む〟という諺がある。この諺に便乗して英雄気取りの凡人が、飲酒好色に溺れて、女性の前で大言壮語する悪い習慣が横行している。その中にはその職責すら怠り、何れが本職か見分けのつかない者までいるが、そうした者は後方になるほど多く、第一線で食うや食わずの苦しい戦に、あるいは疾病で、あるいは敵弾に斃れていく時に、芸者の脂粉の香に溺れ、酒に酔い痴れているのはなんという甚だしい矛盾であろう。

ラングーン郊外の清水爽やかに湛えた、ヴィクトリア湖畔に萃香園という料理屋が出来て、自動車が常に二、三十台は集り賑を極めている。それを見かねて、制肘《ママ》の鞭を振り上げ、「後方では粒々辛苦してガソリンを生産しているのに、そうした血の一滴にも等しいものを、この不浄な花柳の巷に浪費するということは、なんという非国民だ」と憤懣の情を述べ、ラングーン駐屯部隊に対しガソリンの配給を制限した」

芸者の告白 萃香園の実態

軍紀の退廃を象徴するビルマの「萃香園」という存在。実は、戦後七七年たった今も本家の萃香園が営業を続けていると聞き、私たちはさっそく九州に飛んだ。

福岡県のＪＲ久留米駅から車で走ること一〇分。見えてきた瀟洒な洋館が、萃香園だった。創業は一八八二年(明治一五)、料亭からホテル・結婚式場と業態を変え現在に至っている。出迎えてくれたのは、支配人の川村仁洋さん(三九)。創業家の流れをくむ人物だ。取材の趣旨をお伝えすると、はじめ逡巡されていたが「当社の歴史を振り返る良い機会になる」と取材に応じてくれた。

川村さんは戦時中のことは親族からわずかに伝え聞いただけという。「当社二代目の川村安次郎の弟、川村光三郎が、久留米から出兵された方々が、ビルマや南方に向かわれていたので、そういった方々の御要望を受けて、ビルマで出店したと聞いています。現地の方々の食文化を支えるとか、慰労というか、そういった意味合いもあってやってみようと二代目が決断したんだと思います」

萃香園の創業一〇〇周年時に作成したパンフレットには、ビルマ出店時の横浜正金銀行からの借金証書と、現地従業員の集合写真が記載されていた。現地に行った芸者の遺族などに接触できないかとも相談したが、今となっては手がかりがなかった。

「引き揚げて、また当社で働いてくれていた仲居さんもいたんですけど、あまり戦前の話だったり、引き揚げのときの話をしたがらない雰囲気もあったので。母、父から聞く限りでは、そっとしておいてほしいという雰囲気だったと聞いています」

その後も川村さんには、他に記録や資料が残っていないか探していただいた。だが、一九五三年の筑後川大洪水で資料が散逸したこともあり、残念ながら追加の手がかりは見つからなかった。

ところが、萃香園取材は意外な形で進展する。

ビルマ萃香園　従業員の集合写真

戦記作家・高木俊朗の資料を調べていたある日。A4サイズの封筒から原稿用紙の束を取り出すと、表紙に書かれた「萃香園社長 川村実好氏」という文字が目に飛び込んできた。それは、高木氏が戦後、萃香園関係者に聞きとりを行った取材記録だったのだ。

高木氏は短編小説「女は戦場に行った」という恋仲の参謀を追ってビルマに向かった芸者の物語を書いている。その下調べの記録と推測された。

取材は多岐にわたっており、萃香園の社長と先代女将に加え、ビルマから帰還した芸者、仲居、寿司職人の証言が原稿用紙一二○枚にわたって記録されていた。

川村実好氏は、萃香園がビルマに出店することになった経緯について、興味深い証言をしていた。久留米の萃香園は、近くに大きな陸軍駐屯地があり軍がよく利用していた。川村家は、当時の参謀総長・杉山元《すぎやまはじめ》が福岡出身だったことから交流があった。実好氏が入隊し東京にいたときに杉山参謀総長からビルマ出店の話を持ちかけられ、応じることになったという。

出店の規模は、内地の半分の設備と人を送り込むほど大規模なものだった。

「ウチにある会席膳、漆器類を座布団の間にはさんで、半分現地へ運んでいますし、豆腐屋もまるごと一軒、道具ぐるみで現地へ連れて行っています。あとから、登録した在外資産は一六〇万もあったそうです。とにかく第一回に連れて行くだけで一四万円の投資をしており、横浜正金銀行から借りています。このお金はすでに一九年の初めに返済しているそうです」

自らの経営判断でビルマに出店してはいるが、実際には陸軍のビルマ占領政策の歯車の一つとして組み込まれていたのである。

源氏名・信太郎という芸者だった女性も証言していた。芸者本人が語る萃香園の記憶は、非常に貴重なものなので詳しく紹介したい。

信太郎さんは、数え歳一七歳でビルマに渡った。昭和元年に久留米で生まれ、実家は鍛冶屋で独楽《こま》の心棒や炭入れの籠を作っていた。道楽者の父は博打《ばくち》ばかりで仕事をしない。七人姉妹の長女だった信太郎さんは、小学校を卒業すると当然のように花柳界に入ったという。

芸者として一人前になるためには、稽古料や仕着せ料、お披露目料などのお金がかかるが、それはすべて置屋《おきや》からの借金だった。信太郎さんは五〇〇〇円（現在の価値で約二〇〇万円）近い借金があった。ビルマに行く決心をしたのは、借金が半分になると誘われたからだった。借金返済に五年かかるところが、二年半で済むと家形《やかた》（貸座敷）の主人から言われたのだという。

子どもの頃一緒だった芸者友達と「行こ！ 行こ！」と手をとりあって喜び、お金を借りに来ていた母親に「向こうに行ったら、お金を送るね」と笑ってみせたりしたというまだ世間知らずの信太郎さんらは、ビルマは遠いところには違いないが、異国だという意識はそんなに強くはなかった。まして、激戦地だなんて思いもしなかった。

同じ家形にいた一〇人のうち、六人がビルマに行くことになった。中には、源氏名・蝶太郎、正太郎という姉妹もいて、正太郎は数え一五歳でまだ芸者として仕込みが終わっていなかったという。

結局、久留米から約一〇〇名、大牟田と福岡を合わせて約三〇名の芸者がビルマへと行ったが「そのほとんどは私と同じ借金を抱えていた人たちだと思います」と語っている。その他に髪結い、床屋、豆腐屋さんなども加わって、一行は一七〇名に達したという。

現地で芸者として働き始めた信太郎さんは、萃香園の賑わいを次のように振り返る。

「ラングーン萃香園は、はじめはイギリスの将校クラブだったペグークラブに設けられていました。木造で洋風の建物に、宴会場を約四部屋、客室二〇室、それに各家形のために一室ずつ仕切られていました。

お座敷が始まるのは、午後九時から、そして午前二時頃まではリンが鳴ってお開きになりました。

内地では売れなかった芸者でも、ラングーンでは売れっ子になり、あちらのお座敷に十分、こちらに五分と掛け持ちで忙しかったですよ。たちまち線香代はあがって、置屋や料亭は儲かったようです」

一方、信太郎さんら芸者たちは、お金は一年間もらえず、置屋からお小遣いを借りて、毎日の髪結い代にあてていた。月々の交付金五〇円を仕送りできるようになったのは、何カ月かあとだったという。お金がない芸者たちは、お座敷の掛け持ちを行った。すると軍人らから文句が出始めて、掛け持ち禁止のお達しがでた。それとともに、芸者たちの待遇も改善され、毎月の売り上げをきちんと借金の返済にあてられるようになった。おかげでラングーンに来て一年と二、三カ月で借金を払ってしまうことができたという。

信太郎さんが、芸者と客である軍人との関係について熱っぽく語っている部分も興味深い。

「自分を美化していう訳ではありませんが、私は軍人なら誰かまわず寝るような芸者ではありませんでした。そのためには、パトロンを持つのが大事なのです。あの芸者は誰々の彼女だ、となると他の軍人さんは手を出さない。それに私達には入らないような煙草などの品物も差し入れてくれるんです」

比較的安定した〝出稼ぎ〟生活だったが、一九四五年に入ると、信太郎さんも身辺が危うくなってきたと実感した。先述した外務省職員・田村氏の回想録の中で萃香園が空襲で爆破されたというエピソードがあったが、それと合致する体験が語られている。

「あれは、確か二月のことだったと思いますが、空襲があって、ビクトリア湖畔に移っていた萃香園に爆弾が落ちたんです。空襲が去って、人員を点呼していたところ、久留米から来ていた仲居の母親と舞妓の娘二人の三人の姿が見当たらない。娘二人の姉は、私の妹と小学校では同級生でした。どうも生き埋めになったらしい。空襲を受けた場所からは、うめき声が聞こえてくるような気がする。すばやく私も、素手で赤土を掘り返してみました。すると娘さんが頭につけていた鹿の子絞の手拭が私の手に触ったんです。あのときは、私は息の根がとまるようなぞっとする気持ちでした。三人とも窒息死でした」

遠い異国で大東亜共栄圏を支え、命を落とした民間人の知られざる悲劇である。

続いて、寿司職人の男性による証言も見つかった。まず語られていたのは、萃香園がいかにして洋風の社交場「ペグークラブ」を和風に改装したかという牧歌的なエピソードである。

「ペグークラブの各部屋にアンペラでつくったむしろを敷いたりして、約一ヶ月かけて開店の準備をしました。ペグークラブにはシャンデリアがあり、ホールもあり、水洗便所付きの部屋もありました。「水がとまらん！　とまらん」と初めて水洗を使用した芸者があわててましたね」

その後、一九四三年の暮れ、萃香園はペグークラブでは雰囲気が合わないという理由で、ヴィクトリア湖畔に移転された。戦局が悪化する中、自らの職場の存在意義を問われる出来事が起きたと寿司職人の男性は語っていた。

「ヴィクトリア湖畔に移ってからも、繁盛しました。そのころ、モールメンの向こうの前線から菊部隊の兵隊さんが帰ってきました。みんなボロボロになっていた軍服を着ていました。ところが、夜

萃香園が移転したヴィクトリア湖畔

でも光々とあかりがついている萃香園の騒ぎぶりを見て、その中のお一人が、「軍はええかげんなところよ……。作戦を練りながら女を抱いている」と涙を流して怒られていました。その人は藤田武軍医中尉です。私もまったく同感でした。だから、調理場でうまく工面した煙草や酒を差し上げて、喜ばれました」

萃香園という存在は、日本軍が掲げてきた高邁な軍人精神の実相を浮きぼりにしたといえる。軍人精神の退廃の象徴とも言えるだろう。

蘭貢高射砲隊に所属していた若井徳次少尉は、当時二七歳の若者だった。「お国のために」と大学を繰り上げ卒業して入隊した憂国の青年にとって、軍紀の退廃は受け入れがたいものだった。

「第一線部隊では、極めて劣勢の兵力を以て圧倒的優勢な敵に対峙し、兵器弾薬の欠乏に耐えて将兵は休まることなく日夜の死闘に食に欠しつつ、国家守護を念じ乍ら貴重な生命を断ちつつあった。前線ではそうした状況にあるにも拘らず、後方に於ては僅かの弁《わきま》えもなく、日夜酒池肉林の乱行を繰り返していたが、一度踏み誤った道は改め難いものなのであろうか　小供《ママ》の頃憧れた軍人の世界には、名利を超越した正義のみが通用し、誠のみが支配すると信じていたが、現実の軍人の社会は必ずしもその様に単純なものではなく、正義以外のものがまかり通っていたが、特に軍紀の頽廃にいたっては、欲望の醜悪さのみをさらけ出していた」(『還らざる戦友』)

ラングーン放棄の衝撃

日本軍がメイクテーラ会戦で敗北した後、イギリス軍の南進はますます加速していた。一九四五年四月九日にピョベ、一〇日にヤメセン、一六日にシンテ河が相次いで突破され、方面軍の危機感は最高潮に達していた。メイクテーラとラングーンのほぼ中間に位置するトングーで、第三三軍および第一五軍がイギリス軍を迎撃できなければ、ラングーンの失陥がいよいよ現実味を帯びる情勢となっていた。

四月一六日、田中新一方面軍参謀長は、一部参謀を引き連れて、第三三軍方面の作戦指導のため、ラングーンを出発して車でトングーに向かった。帯同したのは、山口英治作戦参謀、高木秀三情報参謀、後勝後方参謀らだった。深夜に到着した田中参謀長らに知らされたのは、トングーの防衛および会戦準備について、ほとんど何らの措置も具体化されていないことだった。翌一七日、今度はトングー東方の山中に進出していた第一五軍司令部に急行したが、司令部の空気は切迫する情勢に対する緊迫感が感じられなかった。

田中参謀長は、次のように嘆息している。

「私の印象では、司令部の空気が消沈しており、正に長大息のほかはなかった。〔中略〕私は叱咤激励して廻った。第十五軍将兵の極端な疲労、恐るべき給養の欠乏、心身のこの上なき消耗の実情には強いて目をつむり、何が何でも緊迫した今日の事態に対処しなければならぬと思ったからである」

しかし、第一五軍・酒井忠雄作戦主任参謀は、田中参謀長にいくら発破をかけられても為す術がなかった。

「トングーに着いたとき田中方面軍参謀長もまた出てこられたので状況を報告したが、非常な剣幕で叱られた。そして「トングー付近の諸部隊を区処して敵の前進を拒止せよ」と命ぜられた。しかし、このころトングー付近には実に雑多な部隊がいて、仲々掌握ができない。後方部隊のこととて、走り回ってようやく掌握したかと思うと、次の日にはどこかへ行ってしまう始末で、全く処置なしといった状況であった」

現場はもはや、まともな軍隊の体をなしていなかったのである。

田中参謀長は、トングー会戦が絶望的になったと判断し、二一日夜ラングーンに向け引き返した。ところが、翌二二日には早くも、ラングーン街道にそって南下したイギリスの戦車部隊が轟々たる地響きを立ててトングーに肉薄していた。まもなく戦車群はトングーに進出し、続いて整然とした隊列のままトングーを通過、南進して行った。上空には飛行機が現れては低空を爆音とともに飛び去っていく。それはあたかも観兵式をみているような壮観さであった。イギリス軍は、トングーを攻略したのではなく、突破したのでもなく、ただ通過していったというのが正しい状況であった。

四月二三日午前、田中参謀長らは前線指導から約一週間ぶりにラングーンに帰還した。しかし、そのときの方面軍司令部の空気は、出発時から一変していた。参謀長の居ぬ間に、方面軍司令部がラングーン脱出にむけて動き始めていたのである。中心となっていたのは、方面軍司令官・木村兵太郎中将である。トングー会戦の構想がすでに崩壊した以上、方面軍司令部の位置は、ラングーンは適当ではなく、タイ国境に近いモールメンに移転すべきである。イギリス軍の機甲部隊の進撃は迅速で、二七日ころには左右両方面からラングーンに突入するであろう。この渦中に巻き込まれる前に速やかにモールメンに後退すべきである、というのが、その考えだった。

一方、「強気の統帥」を信条とする田中参謀長は強硬に反対した。方面軍司令部は軍の精神的中心として敢然としてラングーンに踏みとどまるべきであり、さもなければ統帥が崩壊するという意見であった。木村司令官と田中参謀長の意見は相容れず、論争は、折からの空襲警報により両者が防空壕に退避したあとも、壕内で続けられたとされる。結局、木村司令官や青木嘉悦参謀らが押し切り、ラングーン脱出が決定した。

四月二三日夕刻以降、方面軍首脳部は偵察機に分乗して以下の通り逐次ラングーンを脱出、モールメンに向かった。

二三日夕　木村方面軍司令官、山口英治参謀
二四日夕　金富與志二《かねとみよしじ》参謀、河野公一参謀
二五日朝　佐孝俊幸《さこうとしゆき》参謀、田中俊二参謀（海軍）
二六日夕　田中新一参謀長、一田次郎参謀副長
二七日朝　嘉悦博《かえつひろし》参謀、小林廣吉中尉

ビルマでの日本軍上層部は、インパール作戦からイラワジでの戦いまで常に強気一辺倒であった。

無謀な作戦の数々によって、膨大な将兵の命が失われていた。戦車への斬込作戦、各地で発生した部隊の玉砕。前線の兵士たちは「逃げない」ことを軍人の誇りとして戦い、山野に屍をさらしてきた。にもかかわらず、責任者たる司令部が、周囲に何の連絡もなくラングーンから突然逃げ出したのである。

当然、取り残された人々の間では大混乱が起きていた。蘭貢高射砲隊の若井徳次少尉は、司令部撤退の日、同僚と食事をしていた部屋に上官が狼狽しながら入ってきた様子を回想している。

「扉を排して来た副官は「大変なことになった、軍司令部が逃げ出した。私たち在蘭部隊将兵を見殺しにしてモールメンに逃げ去った」と喚き乍ら、ツカツカと室内に入ると続いて高級部員、二人の足元は地に着かず、ヨロヨロと蹌踉《よろ》めき乍ら床を通って奥に座をしめた。酒の飲み過ぎか、或は睡眠不足の為か、其の肌には艶もなく生色も見えない」(『還らざる戦友』)

そしてこの副官は続ける。

「「海から敵に上陸されれば何処へも脱出出来ぬ、退路もない。まして空挺部隊が何時何処へ降下するかも知れぬ。玉砕じゃ、そんな無意味な、無謀な戦が出来ると思うか、なあそうだろうそうだろう」独語の様に、そして皆の同意を求める如く、ポツリポツリ喋るかと思うと、矢継ぎ早に止め度もなく喚き散らす。こうして喋り乍ら副官は無意識にか、又は自棄になってか、私たちの注ぐ酒をガブリガブリとあおる」

若井少尉は、副官が日頃から遊興三昧であったため、その醜態を冷めた目で見ていた。

「死に直面して過去の不品行を悔んでも致し方はないものの、せめて此の際大いに反省して、往生際をよくして潔よく滅死奉公の決意を新たにす可きである。にも拘らず、その反省も、決意すらなく、此の期に及んでも尚且つ周章狼狽している。今更ら頼って来られても我々下級将校に一体何が出来ようか。

——果して彼等は私たちに何を期待しているのであろう——

この醜態を見ては、平常顧りみられなかった反感のみが先に立って、沸然として怒りさえ生じ、狼狽した其の態が又可笑しくもなる」

若井少尉が所属した蘭貢高射砲隊は、独立混成第一〇五旅団(「敢威兵団」)に編入されていた。ラングーン防衛を使命としていた敢威兵団の旅団長・松井秀治少将の回想録も残されている。松井少将ですら、ラングーン撤退を知らされていなかった。

「私は方面軍司令官以下が飛行機で脱出したことを後で知りすぐ整備兵を司令部に派遣したが、司令部の跡は乱雑をきわめており、功績名簿の類もそのまま残されていた。恩賜のタバコも住民が入りこんで勝手に喫っていた。ラングーン防衛司令官たる私に何も言わずに飛び出して行ったことを私は心から憤慨した。〔中略〕方面軍から港湾の施設等重要なものは破壊せよと命ぜられたが、爆薬も少なく、結局桟橋の一部を破壊する程度にとどめざるを得なかった」

前線で厳しい戦いを強いられていた将兵にとっても、突然の司令部撤退は寝耳に水だった。戦記作家・高木俊朗の取材に答えていた第二八軍司令部の後方参謀・山口立少佐の音声記録は、多くの前線の将校の気持ちを代弁しているといえるだろう。

山口「司令部がモールメンへ移ったのは、末端の人間にとっては、本当に嫌な理由でした。実は、〔第二八軍の〕司令官も参謀長もビルマ方面軍の移動について、意見具申したんですよね」

高木「策〔第二八軍〕のほうから？」

山口「ええ。策の司令官も参謀長も、ビルマ方面軍は早くどっかへ行きなさいと盛んに意見具申されてるわけですよ。〔中略〕私個人としても、ビルマ方面軍が下がるのが遅過ぎたと思ってるんですよ。私は、福富参謀〔第二八軍〕と青木参謀〔ビルマ方面軍〕が、電話で最後のやりとりしたのを聞いているんですよ。福富さんが「〔前線に〕頑張れ頑張れと言っていて、〔方面軍司令部が〕下がる〔撤退する〕とは何事だ」と猛烈に言っていた。青木さんはたじたじとしておりましたね」

高木「それは下がる直前ですね」

山口「直前ですよ。頑張れ頑張れ言っておいて、急にやったから悪いんです。私は、軍の参謀とかまではそういうことはある程度知らせておくべきだと思うんですよね。そんなにこっちもばかじゃないんですから、戦略戦術的に見て下がらないと危ないです、あれは」

高木「手の打ち方が遅いということですかね」

山口「そうですね。非常に錯乱しとったんじゃないですか、司令部内の指揮はですね」

撤退決断の司令官は〝東條の子飼い〟

ビルマ方面軍司令部の突然の撤退を決めた木村兵太郎司令官は、一九一六年（大正五）陸軍士官学校を卒業、陸軍兵器局長、関東軍参謀長などを歴任し、陸軍省陸軍次官にまで上り詰めた人物である。当時の首相・陸軍大臣を兼務していた東條英機から覚えめでたい人物というのは衆目の一致するところだった。サイパン島の陥落の責任をとり東條首相が失脚すると軌を一にして、ビルマ方面軍司令官に転出した。

木村兵太郎中将（提供：毎日新聞社）

例えば、戦地に赴いた読売新聞の記者は、戦後木村について、次のような辛辣な表現で回想している。

「時のビルマ派遣軍最高司令官は木村兵太郎中将であった。陸軍士官学校二十期の砲兵出身で、陸軍次官、兵器行政本部長をやり、東条の茶坊主と陰口された人物である。商社の一課長に軍服と軍刀をつけさせたようなものと評された。小磯、梅津両大将が杉山元帥と組んで東条閥粛清をやったとき、ビルマ方面軍司令官に転出させられたのである」（斎藤申二「ラングーン脱出行」）

高木俊朗が取材記録をまとめた分厚いファイルにも、参謀らから聞き取った木村司令官の人物像が記されている。

「木村は東條の子飼いであった　東條は木村に花を持たせ軍人最高栄誉である方面軍司令官の信任書を与へた（性格は）平々凡々。木村は内地からくる時　前線に赴くというより単に転任という気持ちだった」

さらに、高木は、木村司令官に専属の副官として仕えた黒川太郎《くろかわたろう》大尉からも証言を得ていた。黒川大尉は木村が戦況の悪化に対し精神的に追い込まれている様子を語っていた。

「夜は（木村司令官と）二人だけになることが多い。家族の話などする。作戦の話はしない。「雨降らないかなあ、北の方は降っているかな」としきりに雨を気にしていた。「雨が降ると助かる。まだ降らないな」と話していた」

黒川大尉は木村とともに内地からビルマまでずっと行動をともにしていた人物である。さらに詳しい記録が残されていないか、遺族を探した。

取材に応じてくれたのが黒川大尉の息子、黒川紀男さんだ。黒川大尉は二三年前に亡くなったという。紀男さんに高木の証言記録を見てもらうと、「雨降ると、もう道も悪くなるし、（イギリス軍が）進軍もできないし、戦況が厳しかったんでしょうかね」と父親と木村司令官の置かれた状況を推し量った。

高木俊朗の黒川大尉への取材では、「木村兵太郎司令官の妻から、一緒に行ってほしいとの頼みがあって、断り切れずにビルマに同行することとなった」とされていた。日本を発ったのは、長男の黒川紀男さんが生まれてわずか七カ月後のことだった。

一九四四年七月、インパール作戦が中止されたことを受けて、ビルマ方面軍河辺正三司令官に代わって、急遽九月にビルマに着任した木村兵太郎司令官。ビルマに来るまで、木村司令官も黒川大尉も、陸軍兵器行政本部に所属していた。その当時も、黒川大尉は、木村兵太郎司令官の副官をつとめていた。

「嫌とは言えないですからね。言われればやっぱりそれに従うしかないような時代でしたからね」

さらに、紀男さんのご家族は黒川大尉が書いていた資料を見つけてくれた。表紙には、以下のように書かれていた。

黒川太郎大尉

「ビルマの記録　木村方面軍司令官の側近として
ビルマ方面軍司令官陸軍大将　木村兵太郎　専属
副官　陸軍大尉　黒川太郎」

A4の原稿用紙一六枚にわたってびっしりと書かれたものだ。木村兵太郎司令官の副官として、そばにいたからこそ書ける内容ばかりである。

タイトルに「夜間行動」と書かれた文書は、メイクテーラ会戦当時の記録である。一九四五年二月から三月にかけて、ビルマ方面軍の戦闘司令所は、マンダレー東南方、メイクテーラ東方のカローという場所にあった。田中参謀長もこの司令所から、前線の決勝軍（第三三軍）戦闘司令所に指令を出していた。

黒川大尉は、木村司令官がカローに行く際、同行した時のことを以下のように記録していた。

「〔ラングーンから〕戦闘司令部までの三夜二泊の行程は全く地獄街道である。敵戦闘機来襲の際近くに木蔭でもあるときはいゝが亘々たる平野を渉る一本道のやうなところでは目もあてられない。この危険地帯を真突破する為に時速百キロ近くのスピードで突走るのである。昼間なら兎も角夜間この様な行動にはそれ自身相当な危険が伴ふのである。

戦闘司令部にのがれた後はこの様な無理な行動がたゝってか閣下は神経痛を起された。神経痛の痛みをこらへ乍ら繁忙なしかも困難な作戦指揮に当られる司令官の御様子を側から見て居て、全く眼頭の熱くなることが度々あった」

さらに、ビルマ方面軍のラングーンからの撤退について、黒川大尉は以下のように記述していた。

「終戦当時ビルマ方面軍の主力は泰緬国境近くの「テナセリユーム」〔ミャンマー南部・タイ国境地域〕に概ね集結して居た。この地帯に集結するに至るまでには対内的にも対外的にも相当の波乱があった。この間の閣下の心労は気の毒な程であった。一睡もせられなかった夜がかなりあった」

紀男さんは父親からほとんど戦争の話を聞かされていなかったが、自宅には、木村から黒川大尉に送られた直筆の書が残されていた。部下に書を送ることを木村は好んでいたという。揮毫された字は

「光風清月」。「光風」は太陽の光の中を吹き抜ける爽やかな風のこと、「清月」は清々しく澄み切った月のこと。心に不信や不満がなく、さっぱりと澄み切って、さわやかなことのたとえである。ビルマでの任務中、木村司令官の心境は、皮肉にも「光風清月」と真逆の状況にあったと思われる。

一方で、木村司令官の姿を厳しく見ていた人物もいた。

ビルマ大使館職員の田村正太郎氏である。田村氏は、軍からラングーンを撤退するよう指示を受けた後、島津《しまづ》久大《ひさなが》総領事とともに司令部に向かった。島津総領事が木村司令官に、田村氏は一田次郎参謀副長に出発の挨拶をするためだった。参謀室は大混乱していたが、一田参謀副長は落ち着いた応接をしてくれた。田村氏は、「私の頭の中でゴッチャになり、軍は撤退するのかしないのか、と判断に苦しみながら大使館に帰った」という。

すると、木村司令官と面会した島津総領事が苦渋に満ちた表情で戻ってきた。

「〔総領事が〕いつもに似合わず苦りきった顔で、まるで嚙んで吐き出すように言うのである。「木村司令官はブルブル震えて、ろくに声も出ないありさまだよ。それで聞きとりにくいほどの声で、飛行機で行くのか、船で行くのかと聞くのだが、馬鹿馬鹿しくて返事もしたくなかった。ひとこと、トラックで行きますと答えて帰ってきた」

この二年間、一度も怒った顔を見せたことのない総領事が、こんなに憤慨するのはよほどのことと思われた。最高司令官がこのありさまでは、部下の参謀連があわてふためくのも当然だと考えられた。これで、ビルマ政府と在留邦人の撤退といっしょに、軍までがラングーンを放棄する腹であることがはっきりした」(『ビルマ脱出記』)

方面軍司令部の脱出後、ラングーンには日本大使館の関係者、バモオ首相らビルマ政府関係者、チャンドラボース率いる自由インド仮政府関係者、召集されなかった日本人居留民や多数の婦女子など、多くの民間人が取り残された。木村司令官をはじめ上層部が飛行機でラングーンを脱出した一方で、彼ら彼女らは陸路を車や徒歩でシッタン河を渡り命からがらモールメンに向かうことを余儀なくされたのである。田村氏は、ラングーン撤退は、日本軍の本質を露わにした醜態の極みであったと断じている。

「私が最も遺憾に思うのは、ラングーン撤退の土壇場になって、あわてふためいて召集した、未訓練の在留邦人で組織した部隊に最重要なラングーン防衛をまかせて、軍自体が退却を急いだことである。これはソ連参戦という最悪の段階で、関東軍が在満同邦を見捨てて退却したのと同様、旧日本軍の本質を暴露した最大痛恨事だったといえよう。

建軍以来日本の軍隊は皇軍と呼ばれ、大元帥である天皇直属の軍隊であり、内閣からも独立し、天皇の直接統帥下にあるとして権力を恣《ほしいまま》にし、一般国民を地方人として下に見る独善主義におちいっていた。これが、軍の根本的な誤りではなかったか。天皇尊厳の基礎は、天皇が国民統治の中心たる存在である事実にもとづくものである以上、天皇の軍隊は即国民の軍隊であるべきは当然の理である。この事実を忘れた軍が、天皇の名において国民に圧力を加えるだけで、国民の生命財産を守るという本来の任務を忘れたばかりか、最後には「一億玉砕」を叫んだりしたのは本末転倒もはなはだしく、軍指導者の思い上がりの極致というべきではなかろうか」(『ビルマ脱出記』)

木村司令官自身は、ラングーン撤退の判断をどのように語っていたのであろうか。木村は戦後、A級戦犯として逮捕、極東国際軍事裁判(東京裁判)にて死刑の判決を受けた。東京裁判では自身による弁論を一切行わなかったため、公判記録には木村の発言は何も残されていない。私たちがイギリスで収集した、ルイ・アレンらイギリス軍による尋問調書が、唯一の木村の「肉声」である。調書で、木村は次のように釈明している。

「寺内南方軍総司令官から電報があり、ラングーンを最後まで防衛することが急務であると言われたが、その指示には従えなかった。この電報に表れた心情に感心すると同時に、南方軍のビルマの実情に対する完全な無知には驚かされた。イギリス軍の驚異的な進軍を考えれば、ビルマ方面軍がラングーンで孤立し断絶することは許されないはずである。しかし、南方軍は、ラングーンがマレー半島への総攻撃の拠点になることを極度に恐れ、私に「ラングーンをビルマ方面軍の墓場にせよ」というような非現実的な命令を下したのである。したがって、私の決定は、立派に筋の通るものであると確信している」

大東亜共栄圏を支えた商社マンたち

私たちは、司令部のラングーン撤退により起きた悲劇を、民間人の視点からも見つめてみたいと考えた。日本が掲げた大東亜共栄圏は、多くの日系民間人が支えていたからである。

二〇二二年七月、私たちは和歌山県の高野山に向かった。目指したのは成福院《じょうふくいん》の摩尼宝塔《まにほうとう》である。ここでは毎年、「ビルマ方面戦没者並びに物故者慰霊大法要」が執り行われている。摩尼宝塔は、陸軍嘱託としてビルマに進駐し悲惨な戦争を体験した前住職の上田天瑞大僧正と、その遺志を継いだ仲下瑞法住職によって建立された。二〇二二年の慰霊大法要には遺族や関係者ら約六〇人が参列した。ここ五年、参列した戦友はおらず、遺族の側も高齢化が進む。

この慰霊祭に参列していたのが、小刀禰永見子《ことねえみこ》さん（八四）である。父親の松岡啓一《まつおかけいいち》さんは、太平洋戦争中、商社・日綿実業（現総合商社・双日）のラングーン支店長としてビルマの戦火をくぐり抜けた。自身は生還したが、多くの社員を現地で失った痛恨の思いから慰霊大法要の始まった一九六六年に設立された「ビルマ戦没者供養高野山摩尼宝塔奉賛会」（会長は元ビルマ方面軍最高司令官・飯田祥二郎中将）の副会長に就任。飯田元中将の死後、一九七四年八月に会長に就任し、慰霊を続けてきた。

この日、仲下住職は、小刀禰さんと松岡啓一さんの孫（長男瑛《あきら》さんの娘）の末廣史子さんを摩尼宝塔の中に案内していた。

「松岡さんがあとを引き継いで戦友をまとめていただいて、この摩尼宝塔も完成したんです」

仲下住職は、松岡さんの位牌を、小刀禰さんと末廣さんに見せながら、そう話した。そこには、「日綿実業蘭貢支店　ビルマ方面戦没者　英霊位」と書かれた位牌もあった。

孫の末廣さんは、当時、民間人でありながらも、戦争に巻き込まれた現実に、驚きとやるせなさを感じ、いつまでも手を合わせていた。

「皆さんお仕事をしていたのが、急に銃を持たされたんだなって思って、何かいろんなことを思うと、本当に胸が締めつけられます」

成福院の宿坊の二階には、戦友たちが寄贈した回想録や本などが納められた図書コーナーがある。私たちは、そこで、松岡さんら日綿実業の職員が中心となった日綿ビルマ会が出版した『商社マンかく戦えり 日綿のビルマ回顧録』を見つけた。ビルマから帰国した社員たちが、それぞれの体験を書き綴った回顧録である。

その回顧録のまえがきには、松岡啓一氏自らが以下のように書いていた。

「ご遺族及び生還者の家族、子孫にありのままの状況を伝え、戦争が如何に悲惨なものであるか、平和が如何に尊いものであるかを知って貰いたい念願から生還者の有志が集い、執筆と醵金《きょきん》をして回想録を作成した次第である」

日綿実業は、ビルマで五二人の戦死者を出した。日本の商社マンたちは、いかなる悲劇に直面したのだろうか。

商社日綿とビルマ

ヤンゴンには、戦時下、日本企業が使っていた建物が今も残る。かつて帝国ホテルが使っていた建物も見つけることができた。私たちは、現地リサーチャーの西垣さんの案内で、英国占領時代に建て

日本緬甸木材組合が入っていた建物(ヤンゴン)

られたある古い建物を訪ねた。その建物は、かつて日本緬甸木材組合が事業を行っていた場所で、日綿実業の社員の多くもこの組合に従事していた。

日本軍は、日綿、三井物産、三菱商事、安宅《あたか》産業の四商社に、組合を結成してビルマでの木材事業全般を運営するよう指示していた。当時、ビルマで事業活動を行っていた日本企業は、分かっているだけでも九五社に上る。商社だけでなく、金融、製造業、物流など多岐にわたる。

ビルマには在ラングーン日本人会が組織され、多くの子どもたちもこの地で暮らしていた。一九四五年四月下旬、司令部がモールメンに移動した後、多くの市民たちがこの街に取り残された。

私たちは、『商社マンかく戦えり』を書き残した職員や戦没者の遺族への取材だけでなく、日綿実業の後継商社・双日にも取材を申し入れた。当時、ビルマに勤務していて、今もご健在の方に会えればと思ってのことだった。広報部報道課の高山真理奈課長は、丹念に社友会にあたってくれた。戦争が民間人を巻き込む現実を伝えたいという思いに、共感してくれてのことだった。ご健在の方々にお目にかかることは難しかったが、高山課長は、双日『一〇〇年史』に記載された日綿実業に関する資料「太平洋戦争と商社の苦難」を探し出し、一九四五年当時のビルマの日綿実業の蘭貢支店の状況を確認してくれた。

資料には、当時の様子が以下のように記述されている。

「日本軍の南方への進出は、戦争遂行に必要な資源の確保が目的であった。石油、ゴム、鉄鉱石、スズなどの採掘と精製のため、わが国の主要産業のほとんどが会社ぐるみで動員され、南方各地での経済開発に従事した。〔戦争が始まるまでの〕過去二十数年にわたってビルマに営業拠点をおき、綿花買い付けと米、雑穀類の輸入実績をもつ当社は、日本軍のビルマ占領に伴い、軍の命令によって、ビルマでの資源開発、物資の集荷、配給業務の遂行などにあたることになった。このための要員として、日綿実業は、一九四二年三月、鈴木富二郎取締役を団長とする社員一二人をビルマに派遣した。これが、南方方面への派遣第一陣で、その後もビルマ・ラングーン方面へ次々に社員を派遣して、経済開発に取り組んだ。数次にわたって二〇〇人を超える社員や技術員などを派遣した。南方地域での事業は、すべて政府と軍の命令によって行われ、地域ごとに担当企業が指定された」

松岡啓一さん

この時期に陣頭指揮をとっていたのが、ラングーン支店長だった松岡啓一さんだった。松岡さんは、一九三九年七月に支店長に就任する。太平洋戦争開戦直前の一九四一年一〇月に、多くの従業員をラングーンから移動させ自らはラングーンに残り、米の輸出を続けたが、開戦後まもなく、イギリスによって抑留された。

その後、在留民交換協定によって、一九四二年九月、日本に帰国するが、松岡さんは驚くべきことに、自ら志願しその年の一二月にはラングーンに向かい再び支店長に復帰したのである。日本軍がビルマを統治して以降、商社の役割がますます高まっていたからだ。

「一九四二年三月、東京駐在の黒川秀三取締役と石橋鎭雄東京支店長が陸軍省に呼び出され、ビルマそのほかの南方地域経済開発に協力するよう要請された。陸軍の要請といえば、「軍命令」と同様の重さがあり、これを拒むことはできない。以降、この要請に基づいて大勢の社員を南方各地に派遣し、造船所、製材工場、みそ・しょうゆ工場などの建設と経営にあたった」(『太平洋戦争と商社の苦難』)

兵隊となった商社マンたちの悲劇

戦後二七年を経た一九七二年一月、日綿ビルマ会は、回顧録『商社マンかく戦えり』を発行、ジャングルの中で散っていった僚友たちへの鎮魂の賦とした。

松岡支店長は、『商社マンかく戦えり』の中で、ビルマ方面軍が兵員補充の目的で召集を繰り返すさまを書いている。イラワジ会戦の敗色が濃厚となり、ビルマ国軍の反乱など事態が緊迫化するに伴って、ラングーン支店の多くの社員が入隊していく。

「〔一九四五年〕三月一五日、兵員補充の目的で現地第一次召集を行い、わがラングン支店からも一五名入隊、次いで同二六日には教育召集の名のもとに第二次召集を行い、支店社員四一名入隊、四月一八日には同じく第三次召集を行い、一三名が入隊した」

ラングーンに日々迫りつつあったイギリス軍。第一次召集のあとの三月一七日、田中参謀長の言葉を松岡支店長は覚えていた。

「「まだ勝算がある。心配いらぬ」といかにも自信たっぷりの言を吐いたのですがわれわれはもはや信用できず、全く息づまるような空気を身にヒシヒシと感じていました」

この時点で、どんな勝算がビルマ方面軍にあったのだろうか。

ビルマ方面軍の撤退が始まった前日の四月二二日には、松岡支店長に軍司令部より即時出頭の命令が届き、作戦主任参謀の青木大佐よりさらなる召集を求められる。

「在郷軍人である松岡、林、松本を初め兵役義務のある社員に対しては、二四日正午に召集令状が配達され「二五日朝〈森二二一四六部隊〉に入隊するよう」命令を受けました。又召集もれの者も同日同部隊に入隊のこと、その際口頭にて召集するとの布告がこの日午後発せられました。この二四日発令の召集令を第四次召集と称しています」

当時急遽召集された従業員たちは、民間人部隊の脆弱な装備・訓練の実態を証言している。

「私たちに渡された銃は、三八式歩兵銃ではあるが、軍隊の廃銃を学校教練用に払い下げたものを、再徴発したもので、私の銃には「弘前高等学校」と、明確に焼印が押されてあった」(税所郡三氏)

「周囲を見ると、日綿社員では、真田繁治さん、波多野喜一さん、長谷川義一さんたちがいました。

現地召集された日綿実業邦人社員

松岡さんは小隊長でとなりの部屋に、その外階級章を見るといずれも二等兵、私以下八、九名で衛兵勤務が始まり、戦闘訓練はおろか各個訓練も知らず、まして小銃等、撃ったことも、さわった事もなく、甚だ頼りなく、衛兵勤務の重大さも判らず、私は兵に取敢えず、立哨中は三度声をかけ返事が無ければ撃つように教えた」（石川幸造氏）

松岡支店長は、原大隊長のもと第三中隊第一小隊長に任じられた。その一方で、絶えず部下の身を案じ、「モールメンに向け転進すべし」との命令に変更するようビルマ方面軍司令部に上申を続けていた。

私たちは、松岡支店長の下『商社マンかく戦えり』の編集を担当した日綿実業の山中滋也さんの遺族への取材を試みた。高木俊朗の遺した年賀状の中に、山中さんとのやりとりがあり、その内容に興味を持ったからだ。そこには、「昨年「日綿のビルマ回顧録」を編集し、出版しました処、「増刷しては」との激励を戴きましたので、広範囲の方に読んで戴くため、正金銀行、三井、三菱、安宅、大丸、富士紡、読売新聞、ＮＨＫ、日本語学校の先生等の御協力を得て、「ビルマの経済戦士」と題し、戦前、戦中にかけ、産業交易の姿と、敗走時の惨劇を画きました。出版社はいずれも「今はビルマに対する関心が薄いから、印刷費がでない」とのこと。ビルマとの交易が盛んになる日まで、原稿を温めますので、御協力賜った皆様にお詫びと、お礼を申し上げる次第でございます　昭和四八年元旦」と書かれていた。

「ビルマの経済戦士」の未発表原稿は見つからなかったが、三女の大井久子さんのもとに、『悔い多き人生』と書かれた山中さんの回想録が残されていることがわかった。

そこには、ラングーンから転進する商社マンたちの緊迫した状況が詳細に記されていた。

「四月二九日、雨模様、夜を待つ。各兵は三日分の食料と機関銃の弾一〇〇発いりの肩掛け袋二つを持たされた。一袋が恐らく一〇キロはあるだろう。鉄兜、銃と剣、四合入りの飯盒、着替え、そして密かにイギリスの銀貨を背嚢の奥にしまっていた。全重量は、四〇キロにもなるだろう。下痢を続けて立つだけでやっとだった。〔中略〕

こんな状態で、何処までついていけるのか、日本の家族は、今どうしているのだろうか。遠い遠いビルマの果てから、日本へ帰れるのだろうか。肉体は、この地に朽ちて終うのではなかろうか。いっそ、それなら、魂だけでも、祖国に帰りたいものだ。心からそう思った」

山中さんは、ビルマに赴任した頃から日本に帰国するまでを三〇頁にわたり書き残していた。次女の中村圭子さんは、「父は、戦争で見聞きしたことをしっかりと残そうと懸命に活動していた」と、振り返る。

山中さんは、改版を行った『商社マンかく戦えり』の「あとがき」で以下のように書いている。

「時ははげしく移り、その分だけ過去が消えていく。それゆえに、平和を強く希いながら、日綿のかの日の姿の一端を、次代のみなさんにつなぎとめようとすることは、むしろその次代に生きた私どもの責務ではなかろうか。この拙い一冊を、より若い世代のみなさんに読んで頂きたいと切に希うのである」

犠牲になった社員たち

実は、軍に召集される直前、日綿ラングーン支店の社員が三名亡くなっている。反乱を起こしたビルマ人に殺害されたのだ。その一人、指川侃《さしかわただし》さん(当時三〇)は三月二七日の夜、宿舎の裏門を出た所で撃たれ、胸部貫通銃創で亡くなった。

私たちは、指川さんのご遺族を探した。

甥の指川剛さんにお会いできたのは二〇二二年四月初旬のことだった。まだ寒さが残る北海道旭川の指川剛さんのお宅に到着したのは一八時を過ぎていた。当時は、まだ新型コロナウイルスが猛威をふるっていたため、面会は、玄関先で短時間にとどめた。そこで見せていただいたのが、掌ほどの大きさの指川侃さんの遺影だった。

遺影の裏には、開戦の前の昭和一六年二月、前途が暗かった時の思いが記されていた。

「昭和一六年二月一五日現在　指川侃　未ダ将来計画前途曹涙《ぼうるい》ナリシ時」

戦争に向かうさなかの若者達の正直な思いだったのだろうか。指川剛さんには、改めてお伺いしたい旨を申し出て、旭川を後にした。

その面会から一カ月後、ミャンマーに取材に行く前、指川さんの自宅を再び訪ねた。今回は、指川侃さんの遺影の置かれたご仏壇まで招いてくださり、その前でお話を伺うこととなった。終戦の年の一〇月に生まれた剛さんは、母親から侃さんのことを聞いていた。剛さんは、江戸時代の貨幣「寛永通宝」を見せながら、話してくれた。

「これをね、縫いつけて防弾チョッキにしたらしいんですよね。こんなもんで効き目あるかどうか分からんけども。お守りみたいなもんだったと思うんですけどもね。うちのおふくろかなんかが作ったんじゃないかって気がするんですけどね。この侃叔父さんに」

指川侃さんと行動を共にしていた日綿実業の同僚が『商社マンかく戦えり』に当時の状況を書いていた。

指川侃さん

「私は、指川さんと同じ部屋で寝床に就いた。ダーン　ダン　ダン。銃撃の音に目がさめた。なんだろうと思って屋外に出てみると、ブスッ　ブスッと弾丸が足下に突きささる。これは一体何事だろうかと隣の建物を見ると、ダルワン(不寝番)が、「マスター　マカンプー(いけない)」といい乍ら逃げていく。指川さんを起こそうと部屋に戻ったが、ベッドはがらあきである。聞けば昨夜の銃声はビルマ軍が反乱し、指川さんは宿舎の裏門を出た所で、胸部貫通銃創を受けて死んでいたと」(高堰喜久太郎

氏）

剛さんは、商社マンとして赴任した先のビルマで亡くなった侃さんのことを、次のように語った。

「鉄砲構えてて撃たれたというならまだね。救われるってことはないけども、そういう覚悟はできてるだろうけどもね。何にもしない人が何でって、やっぱり思いますね。それが戦争なのかなと思ったり。やっぱりいけんですよね。なんにも罪もない人が仕事で行って亡くなって、なんとも言えないですよね」

日綿実業の社員の犠牲者の多くは、現地召集された後に亡くなっている。私たちは、ある遺族の方と連絡をとるために鳥取に向かった。『商社マンかく戦えり』で、〝行方不明となっていた〟と書かれていた枡田《ますだ》雄三《ゆうぞう》さんのことを詳しく知りたかったからだ。

お話を聞けたのが、雄三さんの兄の長男・枡田憲典さんだった。地元には雄三さんを知る同級生もいないとされたが、雄三さんの九五歳の妹・辻本富子さんがご健在であることを教えてくれた。

富子さんは、大阪府の高齢者施設に入所しているとのことであったが、長男の俊文さんと大阪府高槻市で面会し、雄三さんの遺品を見せてもらうことができた。富子さんが、戦後ずっと大切にしてきた、ビルマにいた雄三さんから送られた一通の手紙だった。一九四三年の六月に書かれたと見られる。

封筒の裏には「緬甸蘭貢市セカイモントレー街四三　日綿実業株式会社蘭貢支店　枡田雄三　六月七日」と書いてある。

「御手紙有り難う　相変わらず　元気で暮らしている由　安心致しました　僕も元気一杯　炎熱の

下ビルマ建設に力を尽して職域奉公していますから御安心下さい　度々　御便りを呉れるのでほんとに喜んで居ります　故郷からの便りこそ僕等の勇猛心を奮ひ起させるものはないですよ」と書き出されていた。便箋四枚にびっしりと綴られた内容は、戦時下での海外で役割を果たそうとする青年の責任感を感じさせるものだった。

枡田雄三さんと富子さん

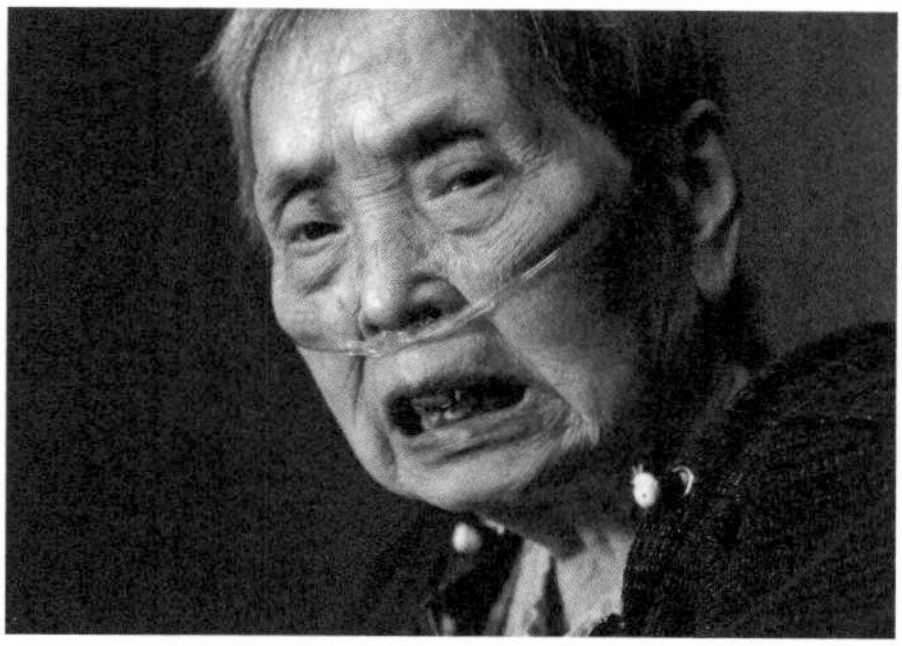
辻本富子さん

施設長の了解を受けて、富子さんとなんとか面会が叶うこととなった。枡田憲典さんが、事前に富子さんと雄三さんが写った写真を探してくれていた。仲の良さそうな二人の姿がそこにあった。その写真の裏には、「昭和一五年の夏休み、鳥取にて」と書かれていた。

俊文さんが車椅子を押して富子さんを連れてきてくれた。一三歳の富子さんと一六歳の兄雄三さん、二人が写った写真を見るなり、富子さんは言葉を詰まらせた。

「なつかしいなあ、涙が出るわ」

そして、自宅に大事に保管してあった、兄の雄三さんからもらった手紙をいつまでも読み続けていた。雄三さんは亡くなる直前まで、ビルマから家族のもとに手紙を書き送っていたという。

富子さんが過ごす高齢者施設の部屋に置かれている写真も持ってきてもらった。それは、枡田雄三さんがビルマで毎日目にしていた、富子さんと母親の写った写真であった。その写真のことを、雄三さんは、手紙にも書いていた。

「此の前の便りには、お母さんと二人で撮つた写真が入つていて、久し振りに会つた様な気持ちになりました。机に飾つて、朝晩顔を見ている次第です。〔中略〕大分姿も変わつている様に見受けられるし、お母さんも年をとられたと思つた。何時迄も元気で暮らして下さる様くれぐれも伝言乞ふ。お前も近くに居る事だから十分御孝養の程御願ひ致します〔中略〕ビルマ人の服装は一寸粋《いき》な所があり、二、三人、可愛らしいビルマの娘がロンギー〔民族衣装〕を着けて散歩している所を見ると時々お前の事を思ひ出す。もうあの位の娘となつているだろうとね……〔中略〕今は全国民南に進まねばならぬ。南方共栄圏建設の為、お前も南進乙女の意気で暮してくれ、元気で居てくれる様　さよなら　富子殿雄三より」

雄三さんは、召集され兵役についたばかりの一九四五年四月に、二一歳の若さで生涯を終えた。富子さんは、兄を奪ったビルマの戦争について力を振り絞って答えてくれた。

「優しい、優しい兄さんでした。思い出すのもいや。戦争はもういや。ただそれだけ。みんなが死んでいくから」

支店長の悔恨

戦後、松岡啓一ラングーン支店長は、回顧録や高野山での大法要を通じ、この戦争を風化させてはならないと、その役割を背負い続けた。娘の小刀禰永見子さんは、父の写ったアルバムを見ながら、父の思いを次のように語ってくれた。

「もう自分の胸にとどめてたと思うんですけれども、戦争が終わって一年して帰ってきて日綿の亡くなった方たちに手分けしてご報告に伺ったって聞いてるんです。だから、皆さんには、本当に仕事で命を落とされてお気の毒だったとそれは思ってたと思いまして。それで高野山に摩尼宝塔っていうのを建てたと思うんです。

それで、記憶をなくさないようにと。亡くなった方たちには本当に申し訳ないという気持ちがあったのを感じました。自分が支店長でちゃんと皆さんの命を守れなかったっていうような父の心の痛手だったんだろうなと思います。

一生付きまとってたんだろうな……。本当に会社のために若い命を落とされた方をずっと見てましたから。こういうことしかできないからできるだけのことをしたいなと思って慰霊をずっと続けていたんだなと思います」

松岡支店長は、突然司令部に見捨てられ、多くの部下を喪った無念を、自らの回想録で次のように綴っている。

「昭和十九年皇軍がインパール作戦に敗退し英印軍の追撃急激になるや吾がビルマ方面軍司令部は二十年三月突如現地日本商社々員及び軍属を召集し混成旅団(敢威兵団)を編成しました。

私も予備歩兵少尉でありましたので日綿支店員百八十五名と共に入隊しました。間もなく英印軍はイラワデ河を渡河しマンダレー街道をラングーンへ向かって南下し始めました。之に驚いた軍司令官は「敢威旅団はラングーンを死守すべし」と命令を下した儘、急遽軍司令部全員と共に空路タイ緬国境付近へ後退しました。

ラングーンに残された吾々は之を数日後に知り唖然としたのでした。司令部が後退して約一週間後に敵戦車群がラングーンに近いペグーの吾が最後の抵抗線を突破しましたので一台の対戦車砲も持たぬ吾が部隊は間一髪と言ふ所でペグー山系へ転進しました。併し吾が部隊の行く手にはいつも敵が待ち伏せして邀撃《ようげき》し、世に言ふ「白骨街道死の行進」が続きました。

シッタン河を敵中突破し友軍最前線「安」兵団(第五三師団)陣地に辿り着きましたのが恰度八月十五日終戦の詔勅の下つた日でありましたが私の大隊は既に大隊長、副官、軍医も戦死し、生存者は全員の僅か四分の一でありました。日綿支店員も百八十六名の中五十二名が戦死の憂目を見て仕舞ったのです」

英軍のラングーン奪還

一九四五年五月一日早朝、ラングーンの上空に現れたイギリス軍の偵察機は、捕虜収容所の屋上にペンキで書かれた英文を発見した。「JAPS GONE（日本軍は去った）」という文字である。方面軍司令部が撤退し日本軍がもぬけの殻となったことを知らせる、イギリス人捕虜のメッセージだった。

翌五月二日午後、英第二二一航空連隊の所属機は、ラングーン上空で日本軍の妨害がないことを確認した後、郊外の飛行場に着陸。乗員は直ちに捕虜収容所に行き、日本軍の完全撤退を確認した。

さらに五月三日の夕刻、ラングーン南方沿岸に降下した第二六インド師団の先頭部隊はラングーン市内に侵入した。この上陸作戦は「ドラキュラ作戦」と呼ばれていた。このとき、マンダレー街道沿いに南進を続けていた英第四軍の第一七インド師団の先頭は、ラングーンの北方五〇キロに迫っていて、まもなく南北両部隊は合流した。こうして、ラングーンは、第一五軍司令官・飯田祥二郎中将が入場した一九四二年三月九日以来、三年と二カ月にしてイギリス軍に奪還されたのである。

ラングーン奪還作戦に参加した元イギリス軍の少尉が、スコットランドにいる。そんな情報を聞きつけ、私たちはロンドンから車でおよそ八時間かけてスコットランドのエジンバラに赴いた。初夏に

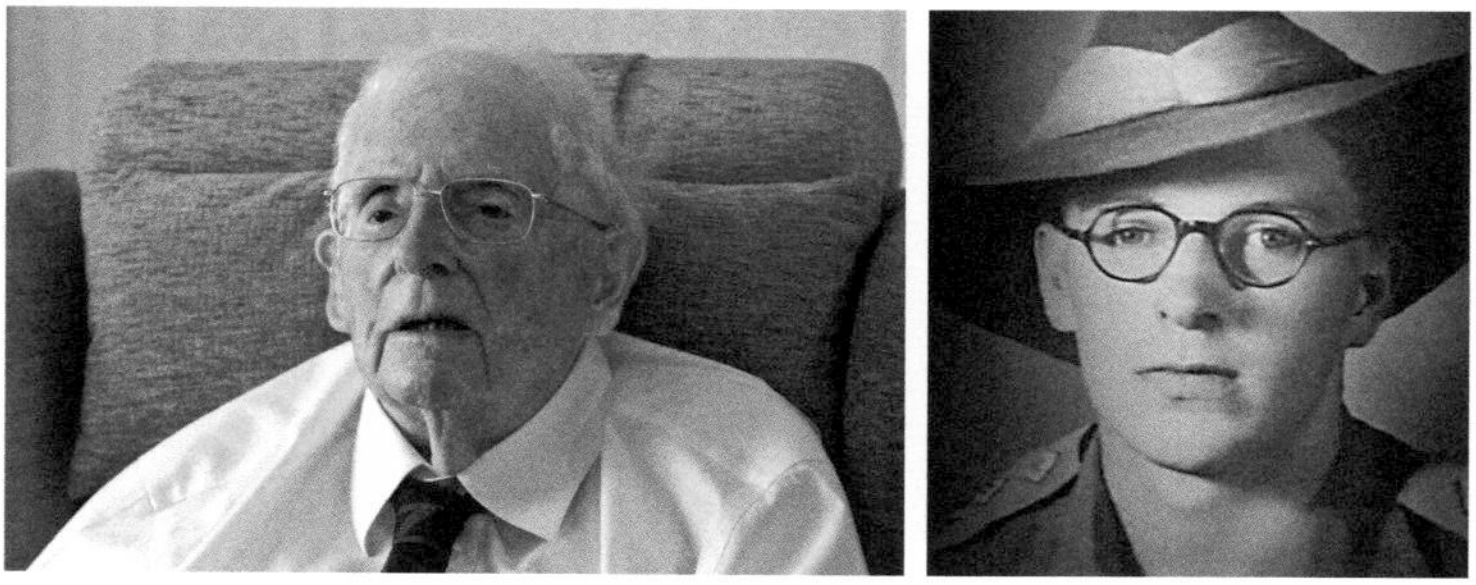

スチュワート・ギルドさん

もかかわらず冷たい風が吹き付け、道行く人たちはストールなどを巻いており、私たちは思わぬ寒さに震えながら元兵士の家を訪ねた。温かいお茶を入れて出迎えてくれたのが、イギリス軍第二七野戦連隊の元少尉、スチュワート・ギルドさんだ。取材当時九八歳であったが、エジンバラの中心部にあるレンガ造りの家に一人で暮らしていた。この日は、ワイシャツにネクタイを締めて取材に応じてくれた。

ラングーン奪還の際、イギリス軍から見た戦場はどのような様子だったのか。ギルドさんは、ビルマの地図を私たちに見せながらラングーンに攻め込むまでの過程を語ってくれた。ギルドさんの所属していた野戦連隊は、ラングーンから北西へおよそ四〇〇キロ、ビルマ西部の港町チャウピューから船で南下し、海からラングーンに突入したという。

「ラングーンの海は浅く大型の船では乗り込めないので、だいぶ沖で下船して小型の上陸船に乗り換えました。その船もエンジントラブルがあり、何度も船を乗り継ぎながら、どうにかラングーン近くまで到着したのです。ようやく歩兵隊と合流し、銃声が聞こえる中で夜を過ごしました。大雨でしたよ。翌日「よし、全員ラングーンに入れ」とだけ言われました。戦闘序列も、誰がどの船に乗るとかもなく、ともかく全員、ただただ船に乗り込みました。私もここで船に乗って、ラングーンの南側の地域に入りました」

ラングーンの中心部に到着したギルドさんたちが目にしたのは、荒れ果てた都市の姿だった。ギルドさんは当時の光景や匂いなども思い出したのか、顔をしかめながらその様子を話してくれた。

「上陸したラングーンは本当に汚くて、汚物が山のように積みあがっていました。大量の日本の紙幣が舞っていた光景を覚えています。日本兵の姿は見えませんでした」

ラングーンに到着した次の日、ギルドさんたちは上官から南方に日本軍がいるという情報を聞き、進軍した。しばらくすると日本軍と出くわしたが、ほとんど抵抗を受けなかったという。

「隊長に『攻撃計画を立てましょうか』と言ったら『要らん、要らん、まっすぐ突っ込むだけだ』と言われました。私はそれまで日本兵と戦ったことがなく、そのまま突っ込んでいきました。次の瞬間には（日本軍は）退却し始めて、小銃の音がしていただけでした」

それでも、仲間の一人はラングーン奪還の際に小銃に撃たれ死亡した。ラングーンに来るまでも、上官や戦友が日本兵の攻撃によって亡くなっており、ギルドさん自身も首の後ろを撃たれ大けがをしている。ギルドさんは、当時は日本人を憎んでいたと打ち明けた。

「戦時中はただ日本兵を憎むように教わりました。また、日本軍の捕虜にはなるもんじゃない、とも。なので、生きて戦うか死ぬかしかない。戦闘面で言えば、本当に手強い相手でした。滅多に諦めませんから」

実際、元イギリス兵の中には今でも日本に対して良い感情を持っていない人は少なくない。今回イギリスで証言者を探した際も、元敵国からきた取材者に対して不信感をあらわにし、「イギリス捕虜に対して、旧日本軍が残虐な扱いをしたことを今でも忘れられない」と直接言われる経験もした。私たちは取材交渉の中で、七〇年以上たった今も戦争が残した遺恨の深さを改めて痛感させられた。

今回、一〇人以上のイギリス人の退役軍人にアプローチをしたが、結局取材に応じてくれたのはギルドさんだけだった。なぜ取材を受けてくれたのか、取材の終わりに聞いてみると、終戦後、戦後処理の業務のために赴いたサイゴンで日本人捕虜たちと交流する中で、日本人の見方が変わってきたからだという。

「戦時中は、日本兵に対してただただ憎しみしかありませんでした。しかし戦後、考え直しました。彼らはすごいぞ、と。なんせあんなに不十分な武器で、優れた武器を持つ私たちと互角に戦ったのですから。戦後に改めて日本兵が使っていた武器を見て驚いたのは、実にありあわせのようなものでゼロから非常に上手く作ってあるんですね。比べると、私たちのアメリカやイギリスのものはしっかりした素材で作っているわけですが、それでも非常に正確とは言い難いのに、日本は輸送も必ずしもスムーズではない中で、工夫しながら武器を用意していたことに感心しました。サイゴンで多くの日本兵と会いましたが、よく統制されていて、本当にしっかりしていました」

ギルドさんは、サイゴンで日本兵に譲ってもらったという大きな布製の日本国旗を大切に保管していた。日の丸の周りには、四〇人ほどの人たちからのメッセージがびっしりと埋めつくされていた。「必勝」「往け 日本男子」「大君に捧げまつりし我が命　今ぞ召されて国を出で立つ」「大丈夫 寧ろ玉砕すべし」。持ち主が戦地に赴く前に書かれたものだろうか。イギリスを始めとする敵を倒し、勝利を願う言葉であふれている。その旗が今、敵であった元イギリス兵のもとにあるということに、一抹の切なさを感じる。なぜ今も大切に保管しているのか聞くと、こう答えた。

「記念品ですね。当時需要は高かったので、アメリカ人に高く売ることもできたんです。それでも、私は売ろうという気にはなりませんでした。戦争に参加したことによって人生観は変わりました。人生の大きな一部を取られました。取られなくてよかったはずのものが。しかし一方で、戦争がなければ今の自分はいなかった。難しいですね」

イギリスでは、第二次世界大戦の欧州での戦いが注目を浴びる一方で、ビルマから帰ってきた兵士たちについてはあまり注目されることはなく、「忘れられた部隊」と呼ばれていた。五月の欧州戦勝記念日に比べ、八月の日本戦勝記念日は軽視されていると感じる退役軍人も少なくない。

「私たちがイギリスに戻ったのは一九四七年でした。少しくらいは歓迎されるかと思いましたが、誰もいないんです。少し残念に感じたのを覚えています。少なくともイギリスにとっては、ビルマ戦は終わったことになっていたんです。人は忘れるのは早いのです」

そう言いながら、ギルドさんは丁寧に日本国旗を畳み、箱にしまった。この国旗はギルドさんにとって、ビルマでの経験を自分の記憶につなぎとめるものになっているように感じた。

翻弄される若井少尉の部隊

ラングーン防衛を任じられた独立混成第一〇五旅団(「敢威兵団」)隷下の蘭貢高射砲隊に所属する若井徳次少尉は、方面軍司令部に翻弄されていた。モールメンに移った司令部は四月二七日、敢威兵団に対してラングーンを放棄しペグー方面で南下する英印軍を阻止するよう命令。敢威兵団は、ペグーに向かい前進を開始した。

ところが三日後、ペグーでイギリス軍と交戦していたところ、方面軍司令部から次のような命令が届いた。「旅団ハ速ニ「ラングーン」ニ反転シテ同地ヲ死守スヘシ」。今度は、ラングーンを取り返せというのである。この命令に接した敢威兵団長・松井秀治少将は、任務達成の至難なことを直感したが、成否はともかく速やかにラングーン方面に反転して同地を死守する決意を固めた。

若井少尉は、この命令に対し、副官が大声で反対を唱えていたと回想している。

「この時、唯《ただ》副官が、「馬鹿な、そんな馬鹿なことがあるか。高射砲隊は目下ペグーで激戦中ではないか、友軍が死闘を演じている最中に、ペグーを捨てて蘭貢に戻れるか。そんな馬鹿げた命令などは聞けぬ、馬鹿にしちょる。こんな馬鹿な軍命令など聞く必要はない」と大声で喚《わめ》き立て大反対を唱えている」(『還らざる戦友』)

ラングーンをイギリス軍が奪還した六日後の五月九日、ラングーン方面への進軍を続けていた敢威兵団に、方面軍司令部から新たな命令が届いた。「ラングーン周辺における敵の作戦準備を妨害するとともにそのシッタン河方面への進行企図を破砕すべき」というものだった。これでようやく「ラングーン死守」の任務から解放された。

混乱の背景は、南方軍と方面軍司令部の方針のずれにあった。南方軍は、ラングーンの失陥を遺憾として同地の奪還を方面軍に求めた。南方軍の強い要求に、田中参謀長も同調し、いったんは木村司令官が押し切られ、ラングーン奪還の命令を下した。司令部はラングーンから撤退したにもかかわらず。だが、戦況に合致しない空文に等しい命令だったため、結局撤回に追い込まれたのだった。

若井少尉は、司令部の混乱を次のように批判している。

「司令部は、己達のみ逃げ去っておき乍ら僅かな在蘭将兵と共に此の無防備な蘭貢を、「固守すべし」との一片の冷厳な命令を残して去っている。こんな矛盾した考えがどこにあろうか」

ビルマ戦は司令部のラングーン撤退をもって実質的に敗北が決まった。だが、ここから日本軍は、「最後の悲劇」、シッタン作戦に突入していくのである。

第7章　忘れられた戦場　最後の一カ月
シッタン作戦

シッタン河

大東亜共栄圏の断末魔

今回のミャンマー取材では、日本では手に入らない〝指名手配〟のポスターを入手した。一九四五年三月二七日、アウンサンが反乱をおこした直後に日本軍が作成し、ビルマ各地の村々に配られたものだ。アウンサンや反乱を主導したビルマ人将校が写真付きでのせられたポスターには、アウンサンやその家族の居場所とされる情報まで書かれていた。何としても反乱勢力を抑えたいという意志があらわれている。さらに別の資料では、ビルマ方面軍が工作班を編成して、配下のビルマ国軍軍事顧問部とともに帰順工作を企てた様子が記されていた。しかし、その成果はまったくあがらず、五月初旬のラングーン陥落後、工作班は顧問部とともに解散させられた。

士官学校を卒業し将校としてビルマ国軍に従軍していたバティンさんも、当時の帰順工作を記憶していた。しかし、もう誰も日本軍に従うようなことはなかったという。

「日本の将校が「これは兄弟げんかだ、みんな戻ってきてください」と私に言ってきましたが従いませんでした。私の上官はその将校たちを殺しました。その時は独立のことで頭がいっぱいで、ただ戦うことだけを考えていたのです」

大東亜共栄圏は、断末魔を迎えていた。

イギリスのインペリアル・ウォー・ミュージアムでは、当時のビルマ国軍とイギリスの関係を伝える貴重な映像が見つかった。インドに亡命していた英領ビルマ政庁を代表するドーマン・スミス総督とアウンサンがイギリスの舟の上で面談している一九四五年六月二〇日の映像である。アウンサンは、満面の笑みを浮かべていた。

英領ビルマ政庁(シムラ亡命政府)は、日本軍のビルマ侵攻後、インド西北部の高原の町シムラへ移動を余儀なくされていたが、ドーマン・スミス総督は、ビルマに再び戻ってきていた。こうした会談が行われるほど、ビルマ国軍とイギリスはすでに近しい関係となっていた。

ただし、一九四五年三月の蜂起後の反ファシスト人民自由連盟(パサパラ)と連合軍との交渉は、必ずしも簡単な道のりではなかった。多くの場合、蜂起後一カ月から一カ月半の間には、各管区に進出してきた連合軍部隊との共闘が開始されたが、それはいわば暫定的な、現場の判断に基づく共闘であった。責任主体としてのパサパラ上層部と連合軍(および英国政府)との正式交渉は、五月中旬から開始されたが、そのとき英国第一四軍はすでにラングーンを奪還しており、日本のビルマ方面軍司令部はモールメンに退却していた。

五月一六日、パサパラの最高軍事顧問となっていたアウンサンは第一四軍総司令官のスリム中将とメイクテーラで会談を行い、アウンサンはそこでパサパラのマニフェストにおいても一切触れられていなかった暫定政府の存在を主張した。けれどもスリム中将はこれを無視し、アウンサンとビルマ国軍にはそもそも合法性がないとしてつっぱねたため、パサパラ暫定政府の問題は一切取り上げられずに終わった。結局国軍を連合軍の下に置いたうえで、共に協力しながら日本軍と戦い続ける方向で検討することが示唆されるにとどまった。

翌一七日になると、英国政府は戦後の対ビルマ基本政策となるBurma Statement of Policy by his Majesty's Government（いわゆる「ビルマ白書」）を出した。そこでは、今後三年間の総督による全権統治と、その後の一九三五年憲法体制の復活、そして完全自治付与を目指すための長期的努力、などを骨子とする、ビルマ側から見れば後ろ向きの方針が記されていた。

パサパラはこの方針には不満があったが、ここで連合軍との関係をまずくさせるよりも、当面は国内に大量に残っている日本軍の掃討を優先させることにし、連合軍に柔順な姿勢を示すようになった。このことは、パサパラの対外連絡顧問タキン・タントゥンから英国東南アジア軍司令部ルイス・マウントバッテン最高司令官に宛てて書かれた手紙によく示されている。そこでは、戦闘を終えたビルマ国軍部隊を、連合軍の判断によって武装解除してもよい旨も記されていた。

五月三〇日になると、ルイス・マウントバッテン最高司令官は、ドーマン・スミス総督やスリム中将らと話し合って国軍の扱いを正式に決定し、主に次の六点を明確にした。

①利用価値の高い地域において国軍を日本軍の掃討作戦に用いる。

②その後国軍将兵らの過去を調べ、もし英国民に対する犯罪が立証されれば該当者を拘留する。残りの者は武装解除したうえビルマ植民地軍（英側にとってのビルマ正規軍）に組みいれる話が具体化するまで英軍下の予備役とする。

③彼らに給与と食料を支給する。

④国軍の名称を変更し、現地ビルマ軍とする。

⑤国軍とタキン党系政治家を招いて会合を持ち、英国政府の意向を伝える。
⑥アウンサンとの交渉は軍事面のみに限るものとする。

この中で、国軍の名称を現地ビルマ軍に変更することについてアウンサンは強い抵抗を示し、結局六月二九日、名称は愛国ビルマ軍に変更されることで合意が得られた。

こうした中、六月にアウンサンのビルマ国軍は、完全にイギリス軍の指揮下に入ったのである。

インメーさん

日本人とビルマ人 〝殺し合い〟の記憶

大東亜共栄圏を共に支えた日本人とビルマ人。だが今や、命を奪い合う関係になっていた。インメーさん(一〇〇)は、当時、アウンサンが蜂起を始めた街、プロームの南東四〇キロ近くのパウンデという街に暮らしていた。この地域では、農民の動員も行われ、人民戦闘隊という名の農民ゲリラ部隊が結成され、国軍と共闘するだけでなく、独自に戦闘も行っていた。

「日本軍の兵士は大勢の村人から襲われていました。殺された遺体は全部近くの川に流されました。彼らのおなかは膨らんでいて顔も分からなくなっていたのを覚えています。村人は大勢いてナイフ等の武器も持っているから、日本軍はやられたと聞いています。しかしやられたのは日本人だけじゃない、〔遺体には〕ビルマの人も混じっていました」

第5章でも紹介した、当時ペグー（現バゴー）近くの村で暮らしていたキンマウンチーさんも、日本兵が殺される光景を目の当たりにしていた。

「無礼な日本兵がビルマ人を殴ったり殺したり、女性をレイプしたりしました。もうやってられないという気持ちで革命は始まったんです。ビルマ人は武器を持ってないけど、竹はたくさんあるので竹の先をとがらせて槍みたいな武器にしたんですよ。私たちの村では「ごちそうします」と言って日本人を集めました。日本人は卵が大好きでお酒も大好きです。だから日本兵を卵とお酒で酔っ払わせて竹やりで刺したんです。武器を奪って日本軍と戦いました。日本兵が何人ぐらいいたかは覚えてないけど、私の住宅街の住民はみんな参加しましたね」

日本軍はビルマ国内で追い詰められていた。その時に何が起きたのか。重く苦しい記憶を私たちに語ってくれたのが、高知市で暮らす和田邦美さんだ。和田さんとの出会いも「ご縁」としかいいようのないものだった。

私たちは健在な元兵士の方を探そうと、地域の部隊史を読み込み、戦友会や地元の護国神社などと連絡をとっていた。

ある時高知市でビルマ戦の慰霊を続けてきた吸江寺《きゅうこうじ》の住職・小林玄徹さんが、父親をビルマで亡くした畠山正則さんという方を紹介してくれた。歩兵第一四四連隊に所属していた畠山さんの父親は、

和田邦美さん

ビルマで戦病死した。畠山さん自身も、高知市内の吸江寺を中心とした戦友や遺族による慰霊祭の運営に力を尽くしてこられた。

畠山さんの話によると、父親と同じ連隊に所属していた高知県内に暮らす和田さんが健在ではないかということだった。面会の翌日、さっそく畠山さんは、高知市内から車で一時間ほどの和田さんの自宅まで案内してくれたのである。

和田さんは、九九歳とは思えないほどお元気で、突然の訪問にもかかわらず私たちを笑顔で温かく迎えてくれた。認知症を患っていると聞いていたが、戦争のことは極めて詳細に覚えていた。一九四五年当時二二歳で、兵長だったという。連隊史を見せてもらうと、亡くなった戦友が黒く丸で記されていた。和田さんが所属していた第一四四連隊第三中隊の指揮班は一九人のうち一二人が亡くなっている。いかに、過酷な戦場だったかを物語っている。

和田さんは、日本軍の侵攻時のビルマの人々との関係が大きく変わっていくさまを話し始めた。

「わしら日本が景気良かった時分は、マスターマスターいうてね、大事にしてくれてね、ごちそうもしてくれて」

しかし、ビルマ国軍の反乱によって、部隊はさらなる緊張状態に置かれていく。

「〔ビルマの人々は〕もうビルマ反乱軍にね、敵のほうへついてしもうとったけんね。それでもう、現地住民に見つかったらいつやられるかわからん。それで持ってる兵器はいつとられるかわからんいう、危ない状態になっちょったけ」

そして和田さんは、加害の体験を静かに語り始めた。

「殺すのもいやや。殺されるのもいややけど。わしは中隊長の命令で当番〔兵〕とわしと二人で現地の人を殺したことがある。こっちへナスビかなんか作りよるのを。わしらの陣地の下の土地を持っておって、そこで作りに毎日通って来ているのを中隊長が「あれはスパイじゃけに殺せ」ということになってね。そんで中隊長の当番と二人で「中隊長の命令だけにしょうがない、どうするぞ」といって。なんちゃ悪い人じゃないんだけどね。けんど中隊長の命令だけに殺さなしかたがないと。どうすりゃって、剣でつくか、撃つかということになって。しようがないけに二人で撃とうやっていってね。鉄砲で撃ったんじゃがね。どうしても殺さなしかたのうなってね。もう撃った。いやじゃ。罪も咎もない人じゃけんね。

それは悪い人、敵でわれわれに向かってきよるやつを撃つんじゃったらまだええけんどね。そうじゃない現地人がものをつくりに通ってきよるのを中隊長はあれはスパイじゃけ殺せいうて、それを撃ったときの気持ちは、いやだね。そんじゃけん、戦争へいったらそういう罪もない人を殺すこともあるんじゃけにいまだに思うあれを」

そこで命令を拒否することはできないんですか、と聞くと、和田さんは首を大きく振った。

「いや、とても。部隊は命令はいかにでも貫徹すべきものなんで。言われたら命令通りせないかんかったけどね。何者でも。いやあ、つらい、つらい、うん。なんでもない人を殺すようになるけんね」

第3章で紹介した、メイクテーラの激戦を経験した重松一さん(九九)も、ビルマでの加害の記憶を語った。

「一般のビルマ人の服装をしたビルマ兵がウロウロしておったです。そんなんを捕まえてですね。銃剣で、そうですね、十何人か殺したことがあります。五年兵とか十年兵とか言っても人殺すなんてことは好かんですよ。だから結局〔命令で〕私たち初年兵ばかりが殺す。私なんかも十何人か殺している。もう〔殺さないと〕しょうがないと」

重松一さんはこれまで慰霊団の団長として、何度もビルマに赴いた。そしてミャンマーの寺に自らが彫った仏像を二〇体以上納めてきた。

「ビルマの人たちがですね、日本から持ってきた仏像っていうのはもう滅多にないと、あなたぐらいしかおらんですって言うて。向こうの仏像というても大きな寺はですね、日本でいう大仏ぐらいあるとですよ。それにはしごをかけてわざわざその仏像の釈迦の手のひらの上にわたしの彫った仏像を乗せてもろうて、そして慰霊祭やったことあります。あれは非常にありがたかったですね。それがずっと何年も何年も続いたとですよ。だから、わたしも仏像を彫って本当によかったなと」

その言葉を語っていた重松さんの表情がとても穏やかだったことが、今も心に刻まれている。

取り残された軍隊による絶望の作戦　シッタン作戦

ビルマ国軍の反乱、そして方面軍司令部の突然の撤退によってビルマ全土が修羅場と化す中、ビルマ方面軍隷下のおよそ三万五〇〇〇人を擁する第二八軍はペグー山系に孤立していた。ペグー山系とは、イラワジ河とシッタン河に挟まれた標高五〇〇メートルから一〇〇〇メートルの竹林に覆われた丘陵地帯である。

イギリス軍とビルマ国軍に包囲されていた第二八軍は敵中突破作戦を計画した。七月下旬、十数個の突破縦隊に別れ、闇に紛れてペグー山系を脱出し、一斉にマンダレー街道を横断し、シッタン河を渡河。司令部のあるモールメンを目指した。これが「シッタン(邁)作戦」である。

インパール作戦も無謀な戦いと言われたが、終戦直前に行われた孤立した軍の作戦もまた、ビルマの悲劇のひとつである。多くの将兵の命が失われたこの作戦はなぜ行われ、何が起きていたのか。私たちは、第二八軍の行動記録、そして部隊の悲劇の実相を調査していった。

第二八軍の司令官をつとめたのは、櫻井省三中将である。櫻井中将は、一九四二年三月のビルマ侵攻時から、ビルマ戦線に従軍しており、ラングーン侵攻の第三三師団長として陣頭指揮にあたっていた。一九四四年一月、第二八軍司令官に任じられた。

戦後は「シッタン会」という戦友会の中心として、長く戦友や遺族をまとめあげた。ビルマ英霊顕彰会会長など慰霊顕彰にもあたり、一九八五年に九六歳で亡くなった。

日本人将兵の眠る「ヤンゴン日本人墓地」に建立された慰霊碑に「鎮魂」と揮毫したのも、櫻井中将である。私たちは、ミャンマーに到着した翌日に「ヤンゴン日本人墓地」を訪問した。とても綺麗に整備された墓所であった。明治時代からの在留邦人墓地であったタムエ墓地とチャンドー墓地が一九九九年にヤンゴン日本人会によって移転・統合されたものだ。戦後に戦友たちが収集したインパール作戦、イラワジ会戦、そしてシッタン作戦などで亡くなった将兵の遺骨も含まれている。いまだこの墓地にすらたどり着けず、ビルマの大地に残されたままの遺骨も多い。この遠いビルマの地で多くの犠牲を伴う日本の戦争が行われていた現実を、あらためて突きつけられる場所だった。

櫻井中将が一九四六年八月にマンダレーの収容所で書き上げた一〇〇頁を超える回想録には、第二八軍が孤立に至る経緯や、その後の作戦が詳細に綴られていた。私たちは、第二八軍参謀・山口立少佐の遺族山口建史さんからこの回想録が収録された『追悼　軍司令官櫻井省三』(シッタン会、一九八六年)の提供を受けた。

櫻井司令官は、ビルマ方面軍の撤退によって、自らの部隊に激しい混乱が起きたことを振り返っていた。

「方面軍司令部がモールメンに撤退したという事は驚くべき速度を以て広く前線に伝播したのである。加《し》かも混戦裡《こんせんり》の第一戦部隊では之は方面軍司令部の事であり、第二八軍司令部の事ではないと分別する余裕もなく、只軍司令部モールメンへ撤退となって伝はるのである。自然将兵はモールメンへモールメンへという思想を抱き、惹ては軍司令官に置き去りにされたという実情も手伝って予定の如

くペグー山系への集結を困難ならしめたのである。〔中略〕
茲《ここ》で予は熟々《つらつら》感じたのであるが、戦況不利に陥ったときに上級司令部が突如として後退する事は予想以上に第一戦部隊に影響するものである。寧ろ戦況の切迫していない時期に後退すべきである。且つ後退するに先立ち隷指揮下諸隊に対し行動の準拠のみにても命令して置くべきである。一日一刻を争う戦局下なるに於て特に然りである」
櫻井司令官が書き遺したこの最後の一節は、窮地のさい、組織はどうあるべきか、重い教訓として、伝わってくる。

第二八軍は撤退中のビルマ方面軍に対して、その後の作戦指導について意向を質したが、返答は「モールメンに行ってから示す」というものだった。その後、第二八軍では独自の判断を強いられるようになっていく。このことについて、第二八軍作戦主任参謀の福富繁少佐が次のように述べている。
「全般戦局から推して、第二十八軍今後の作戦は極めて困難なことになると思い、方面軍参謀を軍に派遣するよう青木高級参謀に強く要請したが、聞き入れなかった。これまでも、方面軍の指導に対する不満の多かった〔第二八〕軍としては、方面軍のモールメン転進後は、第二十八軍独自の考えで行動しようと考えるようになった。〔中略〕この〔ペグー〕山系は、その広袤《こうぼう》から考えても、食料自給の点から見ても、軍が永く生存し、戦闘してゆくことは困難と思えた。したがって、精々雨季明けまでの期間この地に蟠踞《ばんきょ》して遊撃戦を続け、次の乾季になる前にシッタン河東岸に移る必要があると考えられた。このことは、方面軍には話していなかったが、第二十八軍としてはこうせざるを得ないとの観点から、独自の計画を立てたのである。四月下旬になって、ペグー山中に各兵団を移動させることとなったので、私は後方主任の山口立参謀と共に徹夜でこの計画を作り、翌日参謀長以上の決裁を受けた」

このように第二八軍が独自に考えたのが、シッタン作戦である。全部隊をペグー山系内に集め、適時遊撃戦を展開するとともに、敵の機動部隊の活動困難な雨季をみはからって、一挙にシッタン河を突破し、友軍に合流するというものだ。

取材を進めていくと、第二八軍の当時の状況を示す貴重な記録も見つかった。第二八軍司令部の情報参謀であった土屋英一少佐が遺した資料である。土屋少佐の遺族、洋さんから提供していただいた。

土屋少佐も櫻井中将とともに戦後、「シッタン会」をまとめあげた一人である。土屋少佐が書いた「ビルマ戦線の回想」は巻一から巻四まで及ぶ。さらに、多くの戦友や関係者とのやりとりの手紙や、将校や兵士の回想録などを収めた第二八軍関連の戦史資料も分厚いバインダーに収められていた。それらの資料をもとに土屋少佐が生涯をかけてまとめあげたのが「第二十八軍戦史」だ。そこには、ペグー山系に孤立した第二八軍がビルマ国軍の反乱によって苦しめられ、食料事情など刻一刻と厳しい現実を迎える様子が、詳しく綴られていた。

「かくて軍は四周に敵を受け、完全に孤立した環境下に於て独立荊棘《けいきょく》の道に足を踏み入れたが、ペグー山系内に於て現地物資、輸送力、共に全然収集の見込のないのに反し、背反緬軍の暴動は少しも鎮圧せられず、地形上自動車を利用できたのは作戦初期に止まり、爾後《じご》は専ら駄獣、臂力《ひりょく》搬送により輸送力を充足しなければならなかった。而《し》かも雨期既に至り、交通は日と共に困難を加えていた。軍の兵力終結完了の時期は俄かに之を予定するを許さず、兵站の問題は暗澹としていた」

さらに、孤立した戦いとともに、通信手段の遮断という状況が追い打ちをかける。

「軍は作戦の終始を通じて上下左右の連絡に最も苦慮した。其の原因は一つとして足りないが、緬甸防衛軍の叛乱による有線通信網の絶えざる切断、マンダレー街道方面敵反攻速度の迅速、西南通信隊の野戦の軌道作戦に未慣熟及び通信資材、就中、乾電池の極度の不足に之を求めざるを得ない」

情報の途絶は、作戦の共有という重要な情報が行き渡らないことを招いた。そして、その状況は最後まで改善されることはなかった。

敢威兵団 地獄の行軍

さらに櫻井司令官は、ある部隊の戦闘位置について思案していた。ラングーンを防衛していた、第二八軍指揮下の独立混成第一〇五旅団「敢威兵団」である。今回私たちが取材をしてきたラングーンの高射砲部隊であった若井徳次少尉も、ラングーン防衛隊に召集された松岡支店長を始めとする商社マンたちも、この「敢威兵団」に入っていた。

「兵団部署の最右翼〔最南端〕にある敢威兵団は蘭貢周辺の戦闘で戦力も減耗して居り、其編成から見ても新募未熟者が多く素質が劣っているので之を振武兵団の左翼、換言すればペグー方面の敵に対し振武兵団の援護下に行動し得る如く計画したのであるが、同〔敢威〕兵団長から現下兵団の実情は行軍能力欠如し、到底北上移動するを許さぬから概して現配置から東進せしめられたいとの意見具申があり、已むを得ない事なので予は之を容認し、与ふるに軍主力の作戦に連繫し、ニュアンレビン附近でシッタン河を渡河せしむる事にしたのである」(『追悼 軍司令官櫻井省三』)

若井徳次少尉は、ペグー山系の密林に身を潜めながら行軍を続けていた。本格的に雨季にはいったビルマでは、雨が夜を徹して降り続き、将兵の体力を奪っていった。

若井少尉が現地で記していた日記には、次のような記述がある。

「六月二十九日　豪雨　ラングーン出発第六十二日　任務終了　転進命令下る　転進第一日目　最初の自決者」

ペグー山系の密林

若井少尉の部隊で初めての自決者が出たのだ。部隊が出発しようとした時、第一小隊補充兵一等兵・増田鹿太郎の姿が見当たらない。直ちに分隊長以下が探しに戻ったとき、竹林の奥から爆音が聞こえた。自決を目撃した兵によると、増田一等兵は「天皇陛下万歳」と唱えたあと、手榴弾を抱いて自爆したという。腹は割け、腸が露出していた。宮城(皇居)に向って遥拝したあとだったからか、東の方に向って倒れていた。重度のマラリアに罹患し、部隊と行動を共にすることが不可能だと自覚し、足手まといにならぬよう自決したと思われた。

部隊では食料とくに野菜が不足し、医薬品もない中で豪雨にさらされることで、マラリアとアメーバ赤痢に罹患する兵が急増していた。道には、行軍から落伍した病兵があふれ、悲壮な姿を晒していた。一切の装具を手放して、僅かに飯盒ひとつを片手にしっかりと握り、杖にすがって悄然として歩く戦友達の姿に、若井少尉はただただ悲しさを感じていた。

「時々遠く近くで爆発音が起こる。それは手榴弾に依る、自決者の増加を意味している。衰弱し切った病兵に無情にも豪雨が追い打ちを掛ける。この生地獄の転進は一体何時までどこまで続けねばならぬのであろう。長引けば長引くほどこの犠牲者は増えるばかりである　とはいえ転進はまだ始まったばかりであって〝友軍への道〟は未だ遥かに遠い」(『還らざる戦友』)

日綿実業の松岡支店長は、ペグー山系で、支店次長や社員たちと次々と辛い別れを重ねていく。

「篠つくような雨は終日止むことなく降り続いていた。夕闇が迫る頃、大隊の一部が通過して間もなく、傷病兵の一隊が重機関銃中隊と共に、我が陣地の近くで小休止をした。その時波多野支店次長が背嚢も銃もなく、ただ剣と飯盒のみを腰に下げ、青竹の杖にすがり、トボトボと陣地に私を訪ねてきた。顔、体は泥にまみれ、憔悴しきった姿を見て私はひどく驚き、思わず同君の手を握りしめた。同君は先ず何よりも先に「煙草が吸い度い」と言う」(『商社マンかく戦えり』)

波多野支店次長は、今夜同じ陣地で休ませてくださいと頼んできたが、指揮下にない波多野支店次長を留めることはできなかった。翌日、中隊長から不幸な報せを聞く。

「「ひどく弱っていた波多野が今朝はあまりにテキパキ行動したので、不思議にも元気が回復したのかと思っていたところ、つと私の前に近寄り直立不動の姿勢で「波多野は今迄、自分としては最善の努力をして来ましたが、もう力が尽き果てました。中隊長殿、長い間お世話になり、有り難うご座いました。松岡支店長にも宜敷お伝えください」と言い終えるやバッタリと倒れてそのまま息絶えて仕舞った。」と話されたので、この思いがけぬ訃報に全く驚愕、悲しみは胸に迫り昨夕どんな事情があったにせよ、同君の頼みを、何故聞き入れてやらなかったかと悔やまれてならなかった」(『商社マンかく戦えり』)

いつもは膝の辺りの水位の小さな河も豪雨で水かさが増し、渡河中に津雲猛二等兵(庶務課)が押し流された。部隊から遅れていた永井邦雄、柴田代作、藤原末広の三名(紡績工場勤務)は同時に行方不明になった。休息中にビルマ国軍に殺されたと考えられた。

「敢威兵団」には、若井少尉の所属する高射砲隊、商社マンを含む原部隊とともに、海軍第一二及び第一三警備隊もその指揮下に入っていた。陸軍だけでなく、海軍の部隊もシッタン作戦に従軍していたのである。

私たちがこの事実を知ったきっかけは、「陽光桜と鎮魂碑」というリーフレットを読んだことだった。表紙には「海で散らず、陸で散って逝った悲劇の海軍部隊がいた。生存率わずか一%と言われる全滅した部隊である」と書かれている。このリーフレットを書いたのは西原賢次さん。叔父の勝幸さんがビルマ派遣海軍第一三警備隊(司令・深見《ふかみ》盛雄《もりお》大佐。通称「深見部隊」)に所属し、ビルマで戦死していた。

西原さんはリーフレットに「約六〇年間、自分の胸の中であたためていた思いがあった。それは海

堤新三少佐

軍だった叔父がなぜ陸で戦い、どこの、どのような場所で亡くなったのか。そのことを是非、自分のこの目で確かめてみたかった」と書いている。

西原さんは二〇一四年に深見部隊の数少ない生き残りである堤新三元少佐との面会を果たしていた。堤少佐は東京商科大学を卒業後、一九四〇年九月に海軍経理学校に補修学生として入校し海軍主計中尉に任官した。一九四三年にビルマに赴き、ビルマの海岸線で、敵の侵攻に備える任務に就いていた。行軍中には糧食の確保などを任されたという。戦後は三井物産社員として日本の経済成長を支え、家族にも恵まれた。

堤さんは、二〇一五年八月一日、満一〇〇歳で永眠した。堤さんの部隊の多くの仲間が亡くなったマンダレー街道突破が行われたまさにその日だった。

西原さんに、堤さんの遺族である長女の清水眞喜子さん、正敏さん夫婦を紹介いただいた。

戦争のことについて、堤さんは眞喜子さんにあまり語ろうとしなかったという。しかし眞喜子さんは、父が会社が休みの時に戦時中の資料集めに奔走しながら一九六七年に「転進」という回想録を書きあげたこと、八〇代になってからも部隊の遺族を訪問し、海軍第一三警備隊の編成地でもあり、海軍墓地のある九州まで足しげく通っていたことを覚えていた。

「亡くなった兵隊さんたちが、どのような状況で亡くなったかを、御遺族の方は全然分からないと思うので、父はそれを皆さんに知らせたいということで、この本を一生懸命書いたと思います。やっぱり自分は生き残ったから、その体験を伝えなくちゃいけないっていうそういう使命感みたいのはあったと思いますね」

堤さんが残そうとしたのは、犠牲者の個々の詳細を示した「紙の墓標」であった。

海軍少佐の記録　シッタン作戦の実相

私たちが遺族から預かった資料は、堤新三少佐が書き残していた回想録「転進」と、日記のようにつづられた戦地での歌集である。

今回のミャンマーの取材では、堤さんの残した地図や地名と、今の現地の場所を丁寧に突きあわせ、堤少佐が行軍したルートをできるだけ辿ろうと試みた。一人一人の死を書き残し続けた堤少佐の記録に近付き、シッタン作戦の実相を浮き彫りにしたいと考えたからだ。

戦地で日記のように書かれた歌集には、深見部隊がペグー山系に転進を始めた五月八日から、シッタン河渡河までの経過が綴られていた。堤少佐は海軍第一三警備隊の司令部のあったミャンミャ(ラングーンの西方一二〇キロ)からペグー山系を目指した。

「いざ往かん「ペグー」の山も乗り越えて「シッタン」河の東の岸へ」(五月八日)

五月一四日、ペグー山系に向かうため舟で河を渡っている時、急に炎が見えだした。仲間を乗せた舟が半ば傾き、今にも沈みそうになってゆっくりと流れて来た。「あ、人が流れてくる」と誰かが叫ぶと、次々と遺体が流れてきた。仲間を喪う初めての経験であった。その時の歌には、堤少佐の悔しさが滲んでいた。

「戦友の水漬《みづ》く屍を葬りぬ　この仇打ちを心に誓ひて」(五月一四日)

兵隊たちは転進開始以来初めて目の当たりにした戦友六人の死に一様に殺気だった。さらにこの河での移動では、銃撃戦で二名が戦死する。

五月二〇日、深見部隊は指揮下に入る振武兵団の最後尾の西迫少佐の部隊と会う。

「さすがに西迫隊は、携帯天幕や背嚢など装備装具も充分で、その動作はいかにも「陸戦慣れ」が感じられ、頼母しさが溢れていた。この西迫隊を見送っていると、後尾に少し様子の違う兵隊が数名居た」(『鬼哭啾啾』)。堤少佐は、回想録にその時の意外な光景を書き残した。

「ふと見ると天秤棒を担いだ一寸様子の違う数名の陸軍兵が混つている。それは軍服を着た青白い顔の日本女性であつたのだ。髪は坊主刈りにして居り軍帽をかぶつていた。〔中略〕其の中の一人は、前の籠に赤ん坊を入れてあつた」(「転進」)

堤少佐はしばらく言葉を失ったという。やっとの思いで「頑張れよ」と声をかけたものの女性たちは固い表情で会釈を返しただけで、一歩一歩足元を踏みしめながら西迫隊の後を追って行ったという。

この頃、マラリア患者やアメーバ赤痢患者が続出し始めた。マラリアに罹ると熱は四〇度を超し、激しい悪寒に襲われて脈拍は一〇〇以上となる。さらにアメーバ赤痢で衰弱するとまず助からなかった。高熱でどうしても歩くことができず、喘ぎながら道端の木の根元に蹲《うずくま》っている者を多く見かけるようになる。

「叱咤して　時には打ちて励ませど　弱れる兵は立とうともせず」

「私がいくら故郷の両親や妻子の願いを説いて聞かせ、元気を奮いたたせようとしても　放心したようにうつろな眼で私を見つめるだけで、一向に歩く気配を見せず、あとから追尾しますと微かに言うのが常である。しかし追尾して来た例は稀である。自決か行き倒れて死んでしまうかの何れかである」(「転進」)

六月四日、深見大佐がペグー山系内の振武兵団司令部・長澤貫一《ながさわかんいち》少将を訪問することになり、堤少佐も同行した。司令部との打ち合わせによれば、ここ三週間以内に、シッタン渡河準備を整え、七月二〇日頃には、渡河敢行とのことであった。

六日二八日、本隊と離れ糧食の確保に奔走していた堤少佐は、同じ部隊の中尉から深見部隊が振武兵団から南部の敢威兵団に所属変更になり、それに伴って移動を始めたときいた。敢威兵団指揮下に海軍の聯合陸戦隊(海軍第一二、第一三警備隊の一部)がいるため、海軍部隊は一本にまとまった方がよいとの発想からだという。また敢威兵団はペグー山系の一番南にいるので、深見部隊とは合流しやすいとの陸軍側の判断によるとのことであった。七月八日、深見部隊は海軍の聯合陸戦隊とペグー山系のキュンビンで合流した。

深見司令は、第二八軍のペグー山系一斉出撃の「予定日」が七月二〇日であることは承知していたが、途中兵を収容するために四、五日ケミョーに駐屯することを余儀なくされ、予定日に間に合わなかった。敢威兵団も深見部隊の到着を待つことなく、予定された集結地点から前進を起こしていく。振武兵団の指揮下を離れた深見部隊はその後、敢威兵団の所在もわからないまま単独行動をとらざるを得なくなった。

深見部隊の兵士たちは、この後ほぼ全滅の道を辿ることになる。七月一五日早朝、総員六〇〇名余がケミョーに集合。二二日夕刻、バインダナークに到着、民家も何もない全くのジャングルであった。ここで部隊は協議を重ねた。陸軍より脱出時期が遅れ、敵が万全を期して待機しているマンダレー街道を突破することは、まさに死地に飛び込むことを意味し、成功率は極めて少ないと思われた。少なくとも戦闘行動に堪え得る者は敵中に飛び込んで、万が一の活路を求めることが軍人としての最後の方法ではなかろうかと話し合われた。

部隊の決断は、「即ち留まるも死、進むも死。依って単独行軍不能者はバインダーオークに残留せしめ、歩行可能になったら、本隊を追及せしめる」(「転進」)というものだった。

三九名の患者と慶應義塾大学医学部を卒業した木下軍医大尉一人がその場に残り、総員五百数十名が下山を開始した。この時も堤少佐は歌を残した。

「征くも残るも死は必定　出でて征く人残る人」(七月二四日)

「言葉少なに万感籠めて握手し別る」(七月二四日)

木下軍医大尉は出撃する堤少佐に、「首尾良く突破してください」「成功を祈ります」と激励の言葉をかける。堤少佐は「では元気で、あとを頼むぞ」と伝えた。それに笑みを返す木下大尉の澄んだ瞳を、堤少佐は生涯忘れることができなかった。

彼らの消息は、英軍側からも復員局からも得ることができず、総員戦死と認定せざるを得なかった。七月三一日、マンダレー街道五キロ手前のマウーダン集落に到着。翌八月一日未明に、いよいよ部隊の命運をかけ、玉砕覚悟でマンダレー街道を突破する。下山途中の戦死者のことも、堤少佐は、詳細に場所とともに記し続けた。

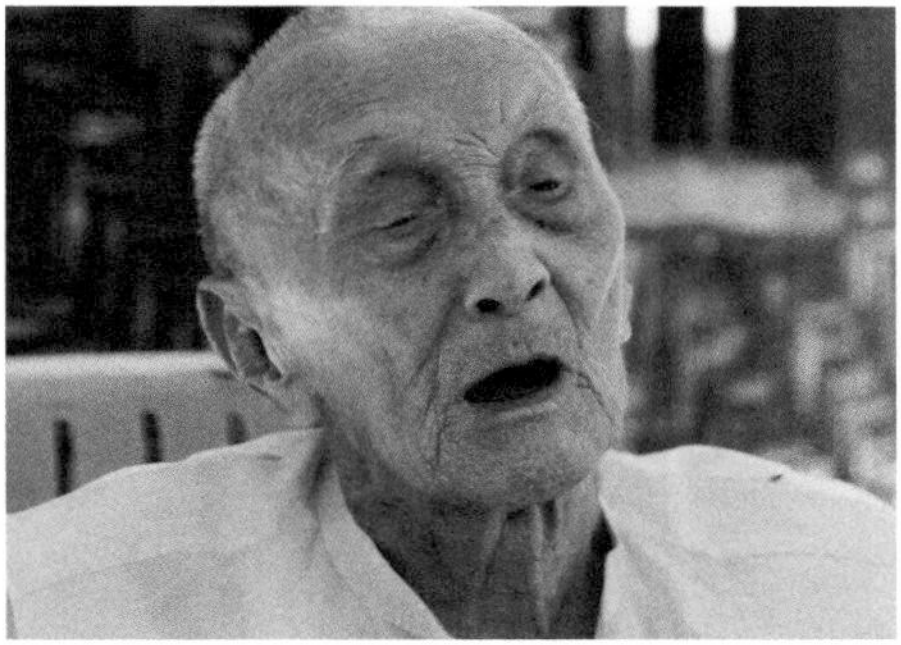

オンマウンさん

ビルマ国軍が反乱を起こしたとはいえ、それまでの関係から日本人に同情する人たちも少なくなかった。オンマウンさん(九七)もそうした一人だった。オンマウンさんは東に向かう日本人を目撃していた。

「日本人との別れを思い出すと今でも泣きたくなります。彼らは靴下の中に米を詰めてそれを食べながら逃げるんだと言っていました。どこまで行けるかどこで死ぬか分からない。でもとにかく行くんだと言っていました。悲しかった。胸が痛くなります。思い出したくない」

そう言って涙を拭った。

オンマウンさんは自分の名前をカタカナで書いてくれた。日本人から教えてもらったのだという。

「私は御釈迦様の教えを信じています。人間はみんな平等です。心優しい人になるように努めています」

作戦開始　マンダレー街道を突破せよ！

堤少佐の記録を辿ってきた私たちは、ペグー山系の東麓山稜上に立っていた。そこから行く手のシッタン平地をみると、そこは視界の届く限り縹渺《ひょうびょう》たる一面の冠水地帯であった。第二八軍の将兵や多くの民間人は、この冠水地帯を突破し、さらに濁流渦巻くシッタンの奔流を泳ぎ渡り、この間予期されるイギリス軍の反撃を破砕しつつ、はるかシャン山麓に進出しなければならなかった。

それまで状況を確認できていなかった隷下の第五四師団主力を六月下旬に掌握することができた第二八軍は、シッタン平地突破開始を七月二〇日頃と予定し諸準備を進めていった。そこでは、広い範囲で同時に突破することが企図された。

「軍は敵の注意と兵力とを分散せしむる為広正面に亘って同時に作戦行動を開始し疾風迅雷の勢を以てマンダレー街道の突破とシッタン河の渡河を決行し、シャン高原の麓に到達した後に隊勢を整理しようというのがこれである」(『追悼　軍司令官櫻井省三』)

このような作戦である以上、作戦参加に遅れることは大きなリスクであった。

第二八軍の周囲には、山系東側に英国第一四軍の四個師団、ペグーにインド第七師団、パヤジーにインド第一七師団、トングーにインド第一九、第二〇師団が配備されていた。

八月一日未明、約五五〇名となった深見部隊は、降ったりやんだりする小雨の中を、いまだマンダレー街道目指して行軍していた。

七月二〇日にペグー山系を一斉に出撃した味方陸軍各部隊は、大きな犠牲を払いつつも、概ね「シッタン作戦」の計画通りの日程で行動し、最も早い部隊は七月二五日、敢威兵団は七月三〇日、一番遅れた振武兵団でさえ八月上旬にはシッタン河の渡河を完了している。したがって、シッタン平地における日本陸軍との戦闘でリハーサル済みの英印軍が、これから出て来る海軍部隊の迎撃に備えているであろうことは、容易に想像できた。堤少佐たちは、まさに虎穴に入らんとしていた。

シッタン平地

マンダレー街道は、不気味に静まりかえっていた。一日午前三時、左右、中央と三筋に分かれた縦隊は、一発の銃弾を受けることもなく突破することができた。しかし、その先のマンダレー鉄道をたやすく突破することは叶わなかった。

深見部隊は、鉄道線路に向けて、一面の湿地帯をかがむようにして、ひたひたと進んでいった。部隊が街道と鉄道の中間に来た頃、左右両翼から突如、敵の吊光弾が数発打ち上げられた。その後、イギリス軍の重火器が一斉に火を吹き始めた。

堤少佐の回想録には、兵士の犠牲が詳細に書き留められている。
「前進前進。味方は一斉に突撃に移つた。ふと見ると三／四〇米右横で、釘本秀雄特務機関大尉が先ず倒れ、相次いで工藤啓二郎中尉と岩永米次郎特務中尉が、バタバタと並んで倒れた。私は二人に近附いて見たが即死であつた。続いて近くの内田驥軍医中尉も戦死した。其の他下士官兵にも相当の戦死傷者が続出した。〔中略〕敵の砲撃は益々熾烈を極め、味方の死傷は続出し、屍は四周に飛散して惨烈を極めた。重傷で助からぬと思つた者の多くは、手榴弾で自決して行つた」

ニャンナダザさん

堤少佐の家族を紹介してくれた西原さんの叔父勝幸さんもこの戦況で亡くなったと言われている。

堤さんの部隊が転進していたのは、ペインザロック駅とタウイ駅との間、タウニゴンという村である。僧のニャンナダザさん(五六)が案内してくれた。向かった先は、激戦地となった河キュウボウクリークにかかる鉄橋、フットブリッジだった。西原さんの叔父が亡くなったその場所には慰霊碑が建てられ、鉄橋には今も弾の跡が残っていた。

八月三日夜、堤少佐の部隊は一四八名となった。結局マンダレー街道を越えた八月一日の戦闘で、准士官以上一四名を含む約四〇〇名の兵力を、一時に失ってしまったのである。

マンダレー街道を渡り、鉄道を越えた周辺での戦闘を覚えていた現地のビルマ人がいた。西原さんが慰霊碑を建てた場所近くに住むエーチーさん(八七)は、日本軍とイギリス軍との激しい戦闘で村人も犠牲になったことを覚えていた。

「わらの山の上から三人のビルマ人がその戦闘をのぞいていました。それに気づいた日本兵は自分たちを撃とうとしてると勘違いしたのか、その三人を撃ったんです。二人は逃げたけど、真ん中の一人が当たって死にました」

エーチーさん

国内で取材を進めると、当時の「シッタン作戦」の状況を知る愛媛県松山市の元兵士に会うことができた。紹介してくれたのは、愛媛ビルマ会の山岡尭事務局長。山岡さんはJR松山駅から、一〇二歳となる元兵士の自宅まで車で送ってくれた。惜しみなく取材に協力をして下さった山岡さんも二〇二二年一一月に逝去された。

向かった先は、第五五師団第二野戦病院伍長・塩崎薫樹さん(一〇二)のお宅だった。その時、薫樹さんとは面会できなかったが娘の千秋さんと話すことができた。新型コロナウイルス蔓延のため、「デイケアに通っている施設から外部との接触は控えるように言われている」という。感染が収まり、塩崎さんと面会できることを心待ちにした。

しかし、翌日千秋さんから、薫樹さんは「もう話す気になれない」

塩崎薫樹さん

と言っているという電話があった。諦められず、薫樹さんのことを聞き続ける私たちに、千秋さんは薫樹さんからの戦争体験の聞き書きを一冊のノートにまとめていることを教えてくれた。

あらためておうかがいし、そのノートを見せていただいた。詳細に書かれたノートは、薫樹さんのビルマでの行動がとてもよく分かるものだった。やはり一言でもよいので、薫樹さんの話が聞きたいと申し出ていたところ、初めてお宅に伺ってから二カ月以上が過ぎた頃、ようやく面会が許された。

薫樹さんは、ビルマの地図を見ながらシッタン河の手前の要衝、マンダレー街道を渡ることの難しさを語ってくれた。

「マンダレー街道はね、大きな道路やから。敵の利用する軍用道路になってしまっとるわけ。マンダレー街道は、敵がもう押さえとったからね。身を隠して、敵が本街道〔マンダレー街道〕を下がっていくのに出会わんように、出会わんように進んでいったわけよ。見つかったらやられるね。日本軍をやっつけようと構えとった〔ビルマ人の〕義勇軍みたいのがおるわけ。日本軍がこの道路を利用するって、地雷を設置しておった。そこでうちらの部隊も一五、六名はかかってね、亡くなった者もある」

塩崎さんは「涙ぐんでくるな」とおっしゃりながら、当時の話を聞かせてくれた。塩崎さんも、二〇二二年秋のBSでの放送が終わってまもなく逝去された。千秋さんからいただいた「父の最期に世の中に伝え残せたことは良かった」という言葉が痛切に心に響いた。

筒抜けだった作戦　イギリス軍語学将校ルイ・アレンの資料

三万四〇〇〇の将兵らが一斉に敵陣突破を行う「シッタン作戦」について、イギリス軍はいち早く察知していた。私たちは、イギリス軍が日本のシッタン作戦の情報を、どのような手段で、どれほど摑んでいたかを知るため取材を進めていた。イギリスの公文書館などで取材を続けてくれたコーディネーターの臼井幹代さんによって、押収された日本のある部隊の記録がイギリス軍によって翻訳され、情報が流れていたことを知ることができた。

その文章は、SECRETと書かれた、一九四五年七月一六日に作成されたイギリス軍の機密文書だった。

七月四日に見つけられた「振武兵団の目的」という文書が、七月一五日にSEATIC（東南アジア尋問翻訳センター）に届けられ、翌一六日に翻訳されたものであった。

「日本軍は七月末にマンダレー街道を越え、シッタン河を渡り、タイ方面に進軍する予定。突破はXデイに開始される」

この情報を突き止めたのが　後に日本軍に尋問を行うことになる語学将校ルイ・アレン（当時二二）

だった。その後Xデイも判明し、七月二〇日に日本軍を待ち受けていたイギリス軍とビルマ国軍は、圧倒的な火力で一斉に攻撃を加えた。

ここで知られざる史実を紹介したい。実は、ルイ・アレンと堤少佐は戦後親交があったのだ。先に、イギリスの退役軍人は日本に対して頑なな態度を変えないことが多いことを書いたが、ルイ・アレンは、日本の将兵のことを学ぼうとし、深く知ろうとしていた。ルイ・アレンの『シッタン河脱出作戦』の中で、三井物産ロンドン支店に勤務していた頃の堤氏との面会の様子が綴られている。

「彼〔堤氏〕はハンサムで、日本人にしては背が高く、なんとも言えない貴族的な雰囲気を持っている。彼がこのイギリスの首都に目をやるとき、その口許には人を楽しませる微笑がただよう。その彼が所属していた海軍部隊は、いまを去る四半世紀前に、ビルマのジャングルで蔽われた山々で苦しみ、ほとんどが全滅に追い込まれたのである。驚くべきことに、彼はそのとき日本の海軍士官であった。いかにして彼および彼の部下が桜井二八軍のシッタン河突破作戦に加わっていくことになったかは、おそらくこの突破作戦を通じてもっとも興味深いものに違いない」

敵同士だった二人の将校の交流は、憎しみの連鎖を乗りこえる可能性について、大きな示唆を与えてくれる。

魔のシッタン河　呑み込まれる日本兵

私たちは、日本軍が待ち伏せをされていたマンダレー街道から鉄道を渡り、シッタン河に至るまでの道筋を辿りたいと計画していたが、シッタン河まで辿り着くことができなかった。マンダレー街道から五キロほどまでは行くことができたが、その先の道は、ミャンマー国軍側と民主派勢力との争いが今も続いているため、地元警察から危険であると判断されたのだ。七七年前、戦争があった土地で、今も血が流れ続けていることに複雑な思いを感じながら、撮影の計画を断念せざるを得なかった。

私たちが行けなかったエリアから先が、堤少佐の部隊がシッタン河を目指した苦闘の現場だ。深見部隊の堤少佐は、シッタン河を目指しながら記録を書き続けていた。マンダレー街道を渡る際、多くの犠牲者が出た日以降も、ひたすらシッタン河を目指す思いが込められていた。

「地図も無し磁石一つを頼りにし　東目指して只管《ひたすら》進む」（八月一日）

「故郷のトンボと同じ赤とんぼ　釣竿《さお》にとまりぬ故郷や如何に」（八月一日）

長女の眞喜子さんは、この歌に込めた故郷を思う気持ちが痛切に伝わってくると語った。

「ビルマにも日本と同じような生き物とか、風景とか、そういうのがあって、そういうときに日本のことを恋しく思うって、そういうことですよね。赤トンボを見て日本を思い出したとか、お母さんのことを思い出したとか、戦地に行ってみんなそういう気持ちだったんじゃないかなと思いますね」

シッタンの平原に暮らすオウンチンさん（九〇）も、日本軍がきた時のことを覚えていた。シッタン河の近くの村では、住宅に使われている竹が日本兵に奪われることがあったという。

「四、五日ぐらい避難して戻ってきたら竹で作った家の床材だけ持って行かれていました。大人たちが言うには、いかだを作るのに竹を取られたんじゃないかということです。その後日本兵が村に迷いこんできました。村人が追いかけると日本兵は逃げましたが、逃げ切れないとわかり手榴弾で自爆しました」

今も多くの日本人将兵の遺骨が、この土地には残されたままである。

オウンチンさん

堤少佐は、部隊と共に少しずつシッタン河に近付いていく。その厳しい戦闘の様子を現地で書いた歌や回想録に留めていた。

「斬り倒し突き殪《たお》し進む左右　雄叫び上げし君は阿朱羅か」（八月八日）

「方々で手榴弾の炸裂音と共に、ワーワーという喚声が聞える。其の間を縫つて、「堤防脇の森に集結！」との伝令が飛んでくる。〔中略〕

数十米左手を、岡村順一特務大尉が帽子も被らず、抜身の軍刀を杖代わりに、田園の中を物凄い形相で森を目指して行くのが見えた。

昨七日のダラゼイクの戦争で、一四八名が九八名となり、又、本日の戦闘で、深見司令、若菜副長、堀口軍医長、橋口／真見両主計大尉、一万田特務主計中尉、田中特務機関中尉、迫田特務少尉など、

高須賀隆さん

幹部士官の殆んどが戦死し、下士官の戦死者も多かつたので、夕刻所定の森モゴアトゥインユア部落（シッタン右岸堤防脇）に集まつた者は、私以下僅かに一七名に過ぎなかつた」（「転進」）

シッタン作戦当時、河は雨季で増水し川幅は二〇〇メートルを超えていた。堤さんと同じ海軍部隊に所属していた衛生兵から、渡河の状況についての証言を得ることができた。

愛媛ビルマ会の山岡尭さんから紹介された、海軍第一七警備隊（陸戦隊）・高須賀隆さん（九五）だ。数年前まで松山市内の石手寺の慰霊祭にも参列していたが、足腰を痛め参列を控えるようになった。しかし、高須賀さんは今も朝晩、自宅の仏壇で陸戦隊の仲間を慰霊しているという。

「関わった人たちの冥福を祈って一生懸命拝んでいるんです。戦場のことが思い出されていまだに涙が出るんですよ。いまだに毎日泣く日が多くてね。本当にもう誰にも人に見られないように一人でかみ締めて」

高須賀さんは、生き残った将兵の治療にあたっていた。今も、当時のメスなどの道具を大切に持っていた。

「外科手術の時にね、使ってたんですよ。切れが悪くなったら、私がね、こう、研いでですね、よく切れるように私がいつも研いでいたメスなんですよ。これで相当の人の手術をやった」

まさに地獄の戦線だったという。

「本当に惨めな、もう銃も剣も何もかなぐり捨てて、もう歩くだけの力でふらふらしながらね、どんどん逃げたそうですよ。もう本当に地獄の戦線でしたね。途中で溺れる者がいるし。それから対岸には元友兵のビルマ軍が日本兵を撃ってくるんです。河を渡りだすと。だからもうバタバタ殺されてね。岸に近付いてきたらボーンボーンって撃ってくるんですからね。みんなは溺れて死んでしまいますよね。本当に死体がぼこぼこ浮いてインド洋に流れてしまって。ほんとに悲惨ですね」

髙須賀さんも二〇二三年二月に亡くなった。戦争の愚かさについて怒りをたたえながら言葉を絞り出す姿が脳裏に焼き付いている。

救護看護婦の悲劇

シッタン作戦は兵士だけの悲劇ではない。救護看護婦もまた、多くの犠牲者を出したのである。一九四五年四月、パウンデ（プロームの南東四〇キロ）にあった第一一八兵站病院は、第二八軍岩畔参謀長から次のような指示を受けた。

「病院は、ニュアンレビンに開設、第五四師団の来着を待ち、同師団と共にシッタン平地を突破する」

しかし、ニュアンレビンでの開設準備中、第二八軍司令部がモールメンに後退したという流言が広がった。近付く銃砲声、そして頼りの第五四師団が未到着という状況において、松村長義病院長は軽患者約一〇〇〇人を伴い単独部隊でシッタン平地を突破することを決意し、ペグー山系東麓に向かってしまった。五月一七日夜、ピュの南方においてマンダレー街道を横断、さらに東進して一八日シッタン河、ピュ河合流点付近ワダン村に達し、シッタン河渡河準備中、英印軍の攻撃を受け、松村病院長以下死傷者が続出、壊滅的な打撃を受けた。

私たちは、当時の救護看護婦の状況について詳しい、日本赤十字看護大学の川原由佳里教授を訪ね、第一一八兵站病院所属の看護婦の状況についてうかがった。川原教授は元救護看護婦とも面会を重ね、調査を続けてきた。

「第四九〇救護班（和歌山）は四月二六日に撤退命令が出されたときには、すでに連合軍に撤退ルートを塞がれた状況であった。赤十字看護婦という身分、女性であることを隠し、軍隊とともに行動、敵中突破を試みたが、敵軍及びゲリラの襲撃を受ける、渡河中流される、捕虜収容所で自決するなどして二三名のうち一五名が死亡、行方不明となり、生存者も四散し、班としての体を失った」

泳げないことを知りながら飛び込んだ二人の看護婦は、対岸に着けず濁流に呑まれた。

「河を泳いで渡る途中、ビルマ人に救出された六名はその後英軍に引き渡された。部隊長から質問を受け、答えなかったが、日赤和歌山班の看護婦であることはすでに知られていた。通訳を通して再

三、「赤十字旗を立てて行進していたらこのような目に遭わなかった」と伝えられた」(川原由佳里「ビルマ派遣日本赤十字社救護看護婦の復員過程」)

自決した救護看護婦たちもおり、亡くならずに済んだ命が次々に喪われていった。

第3章で紹介した救護看護婦の北澤松子さん(九九)も、渡河での忘れられない体験を語ってくれた。「川が流れてたの。そこに三人(兵士が)座っているのね。三人のうちのもう一人の方はもう虫の息だったんで、肩で担っていくから歩きましょう、一緒に行きましょうと言っても「もういいです」とおっしゃった。その言葉がまだ今でも残っています」

ビルマには一六の救護班の救護看護婦が従軍した。編成時の三七四名のうち二九名が死者・行方不明者となったのである。

日本の終戦を知らず敗走を続けた堤少佐の部隊

一九四五年八月一五日、太平洋戦争は終わった。だが、日本で玉音放送が行われているさなかも、ビルマでは戦争が終わってはいなかった。ルイ・アレンらイギリス軍は、シッタン河周辺で敗走する日本軍の将兵に投降を呼びかけたが、一部の日本軍と民間人たちは戦闘や逃走を続けていた。

堤少佐の部隊がシッタン河を渡り始めたのは、八月一八日午後一一時。浅瀬から本流へと手製の筏で乗り出した。体温を奪われるのを少しでも防ぐため、服は上下とも着たまま泳ぐことにした。筏の三本の腕木の左右それぞれに一名ずつ付き、それを肩で押しながら泳ぐのである。堤少佐は、歌を書き続けていた。

「夢に見し　シッタン河に今や来ぬ　今宵の渡河の幸を祈れり」

八月一九日の深夜二時、シッタン河渡河を始める。

「泳げども　筏は岸になお着かず　母よ守れと我は祈りぬ」(八月一九日)

「もう四、五時間も泳ぎ続けたであろうか。あたりは薄すらと明るくなり、夥しい浮藻が、大きな群となつて流れてくるのが見え始めた。夜明けも近いのであろう。人間が流れてくる。浮藻と競争するように流れてくる。上流の渡河で失敗した陸軍兵の溺死体であろう。〔中略〕

やがて対岸の地形から推して、洲が近いことを知つた。偶々立ち泳ぎの姿勢をとつたところ、何んと足先が時折り川底に触れるではないか。私は、「もうすぐ背が立つぞ」と皆に怒鳴つた。だが今立つてはいけない。頸までの水深では、立つたところで押し流されるだけである。少く共腰の線までは泳がねばならない。斯くて我々六名は、漸くにして対岸に上ることが出来た。八月一九日午前六時であつた」(「転進」)

その後、八月二七日に大きな沼にぶつかり、八月三一日の午後、漸く対岸に泳ぎ着いた。水際に迫った低い崖を這い上がると、待望のシャン高原西麓の山脚道に出ることができた。

「さはあれど　数多《あまた》の部下を失ひて　只の二人はいと悲しき」(八月三一日)

「「シッタン」を渡りし後のことどもを　語りし戦友《とも》達は荒野に斃る」

そこからは敵襲のない平穏な行軍となったものの、飢餓と疲労との戦いは、まだまだ続いた。
「途中、道筋の到るところで陸軍部隊の病死者の遺体が散見された。木の葉で葺いた仮小屋で数名並んで死んでいるのもあつた。彼等は病気で落伍の結果、次々に息を引き取つて行つたのであろう。既に白骨となつているのもある。又、或る者はゴムの木の根元にうづくまつて死んで居り、軍帽の下の顔面が、腐爛しているのもあつた」(「転進」)

六五〇名の部隊をもって突破行動を開始した海軍部隊で、生き残ったのはわずか八名だけだった。

日綿実業などの商社部隊を指揮していた原部隊長は戦死。七月二六日、シッタン河の渡河を完了した時点で三五〇人の原部隊は、一三〇人になっていた。その後も、いくたびも敵と交戦し、夜間斬込をかけながら、モールメン街道に出るまで、悲惨な行軍を続けた。

シッタン作戦の惨劇について、すでにラングーンから撤退していた木村司令官はどのように語っていたのだろうか。敗戦後のイギリス軍の尋問に対し、次のように証言している。
「第二八軍は敵中突破作戦に対応する連合軍の配置について、正確な情報をほとんど持っていなかった。情報システムは通信システムの欠如により完全に崩壊しており、哨戒から持ち帰られる断片的な報告を照合することも不可能であった。その結果、非常に強力な敵に遭遇することは予想できたが、どこでどの程度の敵がいるかは分からなかった。
シッタン河における第二八軍の敵中突破作戦はどの地点で試みても重大な困難に遭遇しそれに耐え

ることは難しいと考えていた。

第二八軍櫻井司令官は、自軍のおよそ半数がシッタン河を越えて脱出することに成功すると予想していたが、私は第二八軍がほとんど全滅するだろうと思っていた」

第二八軍は約三万四〇〇〇の兵力をもってペグー山中に入った。その後、シッタン河を渡り、友軍戦線内に辿り着いた兵力は、一万五千余に過ぎず、失われた命はおよそ二万に上った。

インパール作戦で疲弊しつくした後の最後の一年間。イラワジ会戦、ビルマ国軍の反乱、ラングーン放棄、シッタン作戦……戦局が既に決した中で、あまりにも多くの血がビルマの大地に流れた。

第8章
戦争の惨禍
伝え残した記録

小宮徳次さんの遺した手記

ビルマ戦　日本軍指導者たちの戦後

海軍第一二、第一三警備隊(「深見部隊」)の堤新三主計少佐がシッタン河の渡河で、死線を彷徨っていた一九四五年九月二日、東京湾上の米戦艦ミズーリ号の甲板で日本側全権団の重光葵《しげみつまもる》外相、梅津美治郎《うめづよしじろう》参謀総長が降伏文書に署名・調印した。マッカーサー元帥は「相互不信や憎悪を超え、自由、寛容、正義を志す世界の出現を期待する」と演説し、終戦を宣言した。

イギリス・インド軍がラングーンに急進する中、ビルマ政府や日本人居留民に対する処置を明らかにしないまま首都を放棄したビルマ方面軍の木村兵太郎司令官は、敗戦後、以下の訓示を出し、四年にわたった日本のビルマ統治は終わりを告げた。ラングーン放棄の二週間後に昇進していた木村は、大将として終戦を迎えた。

訓示

帝国ハ先ニ連合国共同宣言ヲ受託シ之ニ関スル大詔渙発セラル

昭和二十年八月二十五日零時ヲ以テ緬甸方面軍ハ其ノ作戦任務ヲ解除セラレ

一切ノ武力行使ノ停止ヲ命セラレタリ

ビルマ方面軍後方参謀として木村に仕えた後勝《うしろまさる》少佐は、終戦直後の木村の姿を自著の中で記している。アメーバ赤痢による肝臓の炎症が悪化していた後に対して、温泉療養所の病院に入院するよう命じた。任務を理由に固辞しようとする後に「これは私の命令だよ」と語ったという(『ビルマ戦記』)。

その後、イギリス軍に囚われシンガポールで拘置されていた木村が帰国の途についたのは一九四六年五月、A級戦犯容疑者として逮捕され巣鴨プリズンに収容される。有責の理由は、ビルマ方面軍司令官としての立場ではなく、第三次近衛内閣や東條内閣で、陸軍次官を務めたことによるものが大きかった。先述のように木村は東京裁判において自身による弁論を一切行わなかったため、公判記録に木村の発言は何も記録されていない。戦史家・児島襄は『東京裁判』の中で、木村と妻の可縫の巣鴨プリズンでのやりとりを次のように描写している。

「新聞記者やみなさまが絶対に大丈夫だ、他日、巣鴨でまた……」

「バカッ」—と、木村大将は金網の台に拳を打ちつけて、可縫婦人を見すえた。

「お前はこの裁判をどう考えているんだ。結論はもうちゃんとついているんだぞ。はじめから結論はついている裁判なんだ……そんな甘いもんじゃない。」

ひと息ついた木村大将は、声を潜めて、判決後には会いたくないと思っている、自分は自分の死をもって日本に平和をもたらすことを、無上の光栄に思っている、と語り続けたが、可縫婦人は眼をおさえてうつむいていた。

長男の太郎氏は、二〇一五年に行われた当時北海道大学准教授だった中島岳志との月刊誌上の対談の中で、A級戦犯として訴追されたあとの父親の様子を次のように語っている。

「『もう弁明しない』という気分だったのかもしれません」。「『極刑にはならないだろう』と思っていました。判決の当日、私は当時暮らしていた大阪で、祖母や姉とニュースを聞いていました。ラジォから流れる“death by hanging”の判決を聞いた時には、頭から冷や水を浴びせられた程の衝撃でした」(『文藝春秋』二〇一五年九月)

A級戦犯に問われ刑死した他の六人に比べ、今日に伝えられる木村の人物評は驚くほど少ない。巣鴨プリズンの教誨師としてA級戦犯の処刑にたちあった花山信勝《はなやましんしょう》は、著書の中で獄中の木村が娘にあてた手紙を紹介している。

「いつまでもあると思うな親と金。ないと思うな運と災難。百合子は朗らかな美しい笑いの中心として常に家の中を、まず朝起きてから一番はじめに直ちに春風を吹かせ、一同を朗らかにしてくれ。愛は万事に勝つ。敬は秩序を保つ、礼は世界を飾る花輪なり」(『平和の発見』)

木村は武器の調達や補給等を専門とする兵器畑を歩み、「東條の子飼い」として陸軍次官まで出世した。だが、ビルマ方面軍司令官以前の前線の経験は、関東軍参謀長を半年ほど務めたぐらいしか見当たらない。インパール作戦後の処理をまかされ、結果としてビルマ戦全体の八割近くの多くの死者を出すことになった木村は、最期、何を思ったのだろうか。

ビルマ方面軍参謀長としてイラワジでの戦いで強気の作戦指導を行った田中新一中将は、先述のように司令部のラングーン撤退のあと内地への転任が決まり、その後、予備役に編入された。

田中は参謀本部第一部長としてアメリカとの決戦を強硬に主張するなど、太平洋戦争開戦に大きな役割を果たしたが、東京裁判やアジア各地で行われていたBC級戦犯裁判で、罪に問われることは一切なかった。

田中は一九五五年に太平洋戦争に至った経緯を総参謀本部第一部長としての視点で記録した『大戦突入の真相』を執筆。川崎市に蟄居しながら、折に触れて、戦争についての文章を残している。一九六〇年に書かれた昭和陸軍の顚末について綴った文集の末尾を、田中は次のように締めくくっている。

「とにかく明治いらいの国策。国是に殉じ、戦陣に万歳をとなえて散華し、また責任を負って自決し、戦犯として消え、ついにあえなく解体した大陸軍――その行動にたいする批判には謙虚に、甘んじて受け入れるが、ひたすら任務に殉じながら、ついに蹉跌に終わった結末には、いまもって泣くに泣かれぬ思いである」(「私の見た「帝国陸軍」風雪の二十年」)

ガダルカナル島増援をめぐって佐藤賢了軍務局長と殴り合い事件を引き起こし、消極的な姿勢だった東條英機首相を面罵するほど強気の作戦指導で知られた田中は、陸軍の最後に忸怩たる思いを抱え続けていたに違いない。田中が死去したのは終戦から三一年がたった一九七六年、八三歳の時だった。

悲願を前に　アウンサンの悲劇

二〇二二年三月二七日。ミャンマー国軍は、軍の記念日の式典で八〇〇〇人あまりの兵士を動員する大規模な軍事パレードを行った。この日は、遡ること七七年前、日本軍と緊密な関係にあったビルマ国軍を率いていたアウンサンが対日蜂起した日である。

軍によるクーデターから一年あまり。この式典でミンアウンフライン司令官は、武装闘争を続けている一部の民主派勢力を念頭に「テロリストのグループやその支持者と交渉することはもはや考慮に入れず、全滅させる」と強い言葉で威嚇した。民主化を希求するミャンマーの人々の悲劇は、アウンサンの死から始まったと言っても過言ではないだろう。

一九四五年三月二七日に日本軍に対して一斉蜂起を指示したアウンサンは、暫定的にイギリスとの共闘関係を築いた。対日蜂起による日本軍の死者について上智大学の根本敬教授はおよそ一〇〇〇人から四七〇〇人あまりと試算している。

日本軍によるビルマ占領が終わりを迎えると、アウンサンは軍籍を離れ、独立をめぐってイギリスとの闘争に身を投じてゆく。

イギリスは、「ビルマ白書」を出し、当面の統治の方向性を示していた。白書は、ビルマを英連邦の自治領にする準備を進めるとしていたが、具体的な時期は明示されず、アウンサンら独立派を失望させるものだった。しかし、アウンサンは大国イギリスを相手に粘り強く独立交渉を続け、一九四七年一月にはイギリスのアトリー首相との間で相互協定を結ぶ。ただ、それは完全独立を保証するものではなかった。一方でアウンサンは、その年四月に行われることが決まった総選挙を経て、「完全独立」へ向けた憲法制定によってビルマの未来に道筋をつけようと考えていたのである。

アウンサンは民衆に向けて精力的に演説を行った。その演説の音声が残されている。バラ色の未来を決して語ることなく、国民の協力と結束を切々と訴えるものだった。

「皆が、独立を求めるのであれば、独立の意味に相応しい秩序を守らなければならない。独立を求めるのであれば、独立のための団結力を維持しなければならない。独立を求めるのであれば、独立を手に入れることが出来る活動を行わなければならない。近い将来、独立という果実を味わいたいのであれば、秩序をもって働き行動しなければならない」

憲法採択が五日後に迫った一九四七年七月一九日、アウンサンはビルマ政庁の会議場で突然乱入してきた男に銃で撃たれる。政敵の兇弾だった。アウンサンは、祖国独立の悲願を間近にして、三二歳で命を落としたのである。

ミャンマーでは七月一九日は「殉難者の日」と呼ばれ、国民の休日となっている。その日が近付くと国営放送から毎日のように独立の父を偲ぶ歌が流されるという。

独立をめざし　遠い日本で　祖国の軍をつくるため　命を的に苦難に耐えて　はかりごとをめぐらした　勇気あふれるアウンサンよ　英雄たちよ

われらのビルマ　すべての父や母たちは　アウンサンのような英雄を生まねばならぬ

ビルマの人の誰しもが　頼りとするに足りる人　何も恐れぬ　おののかず　われらに勝利をもたらした

伝記を書かねばなるまいぞ　手柄も記録に残さねば　ああ　すばらしきアウンサン

祖国のために身を捨てて　われらをどれいの身から解放した　われらの期待にこたえてあらわれた（ボ・ミンガウン『アウンサン将軍と三十人の志士』）

アウンサンが創設した独立義勇軍を始祖とするミャンマー国軍によるクーデターと、それに対応し武装化した市民たちの衝突には今も終わりが見えない。国軍に拘束されたアウンサンの娘、アウンサンスーチー氏は、有罪判決を下され、禁固と懲役をあわせた刑期は三三年に達した。アウンサンが掲げた「民主化の夢」は、ついに潰えてしまうのだろうか。

語学将校ルイ・アレンが抱え続けた苦悩

日本軍がシッタン河を渡河するXデイを突き止めたイギリス軍の語学将校ルイ・アレンは戦後、苦悩を抱え続けていたという。息子のティム・アレン氏は父親の心境をこう思い返している。

「日本軍はイギリス軍の戦線を突破しようとしていました。そして、その作戦が行われたとき、イギリス軍兵士は計画をつかみ、待ち構えていました。結果として、非常に多くの日本兵が命を落としたのです。当然、イギリス軍との戦闘だけによるものではなく飢餓や豪雨もその理由だったでしょう。父は、自分の仕事をしただけです。その仕事に誇りを持っていたとも思います。

しかしながら、年を重ねるにつれ、ビルマの戦場で起こったことに対して父はより敏感になっていました。一義的な責任を負っているわけではないにしても、戦場で大きな役割があったことに対してです。父は非常に多くの死を目の当たりにしました。非常に複雑で難しい体験だったと思います。それは、おそらく、時が経つにつれ、父の中で存在が大きくなっていったのでしょう」

ルイ・アレンはイギリスのダラム大学でフランス文学を教えるかたわら、ビルマ戦の一次資料を発掘し、元イギリス軍だけでなく元日本兵たちへの聞き取りも続け、数多くの戦場の記録を書き残した。

交流を続けた中に、シッタン河の渡河後に捕虜となり、アレン自らが尋問した堤新三主計少佐もいた。アレンの著書『シッタン河脱出作戦』での堤少佐の描写は、国家の壁を越えて、同じ戦場で対峙した〝戦友〟への特別なまなざしが感じられるものだった。

「このビルマの地には、もう二度と帰らぬ多くの戦死した戦友がいるのだ。そして彼の祖国はすでに敗戦の苦悩を味わいはじめているのだ。しかし、堤少佐のくじけず生き抜こうとする生命力は、過去もそうであったように、いまもなお彼の血管に脈々と波打っていた。彼はほとんどありえないような長い長い苦闘の道を生き抜き、それを成し遂げたのであった」

そしてそのまなざしは、戦場となったビルマの人々へも向けられていた。

「ビルマは世界で最も美しい国のひとつである。ビルマ戦は、残忍で荒々しい戦争だった。日英双方とも、ビルマの民衆の運命を考慮にいれない目的のために戦い、この国を無断で使ったことへの正当な代償をビルマ人民に支払っていない」

去年、早川書房は『独ソ戦』(岩波新書、二〇一九年)で知られる歴史家の大木毅氏を監修者として、戦争を題材としたノンフィクションを収録する「人間と戦争」シリーズの刊行を開始した。その一作目に選ばれたのがルイ・アレンの『日本軍が銃をおいた日』だった。アレンが戦後抱え続けた苦悩は、時を超えて、戦場の現実を人々に示し続けている。

惨禍を伝え残す　元将校たちの執念

ラングーンの高射砲隊に所属していた若井徳次少尉はシッタン河の渡河後、南下を続け、マルタバン湾に近いモパリンで終戦を迎えた。その後、一九四七年四月まで収容所で捕虜生活を送り、再び日本の地を踏んだのは一九四七年五月二八日のことだった。この二年後、平和相互銀行の前身、日本殖産株式会社に入社。結婚後、婿養子で小宮姓となり、一九七二年に定年退職するまで長い銀行員人生を歩んだ。

元兵士には自らの戦争体験を家族の前で決して口にしなかった者が多いが、小宮徳次さんはそうではなかった。小宮家では日曜日は必ず家族で食卓を囲むことを決まりにしていたが、娘の房子さんは、その場で父親からよく戦場の話を聞いたという。

「食事をみんなで終わった後に、戦争の話をしてくれるんですね。いろいろいくつかの話をしてくれるんですけど、私の記憶に残っているのは、河を渡らなければいけないときに、船が一艘しかなくて、一艘だと何十人もの人を渡すのに何時間もかかってしまうので、泳げる人は泳いで渡りなさいって。じゃあ船で渡る順番を決めるっていって、けがをした人が一番、で、二番目に病気の方、それで三番目に泳げない人っていう順番を決めて、それで自分は川に飛び込んだ、泳いで向こうへ渡ったそうなんです。そしたら「小隊長が渡った、渡れたんだ」っていうことがあって、泳げないって言ってた人も、泳いで渡ったそうなんです。それで短時間のうちに、全員が向こう岸に渡れてよかったたって、そういうことも話してくれました」
房子さんは、シッタン河の渡河前、ペグー山系の密林で食べたタケノコの話も記憶に残っている。日本のタケノコよりも大ぶりで味も決して美味いものではなかったが、飢えを凌ぐためにむさぼり食べたという。戦後の豊かな食卓を前にした父親は、時に遠い眼をしながら、生々しい記憶を思い起こしていた。

小宮さんは帰国の翌日、召集解除にあたって蘭貢《ラングーン》高射砲隊司令部の部隊略歴を復員局に提出している。二二二五名のうち明確に生存が確認されていたのは、わずか七人だった。

一、戦死、戦病死　合計八二名、
　内訳
　戦死　将校　四名、下士官兵軍属五二名
　戦病死　将校以下　二六名
二、行方不明者、将校以下　一三六名、
　内訳
　モールメンに向い航行せる者　三四名
　筏にて流出　一五名
　敵襲、落伍者其の他　六〇名
　俘虜　七名

部隊と行動を別にした者　九名
配属中消息不明になる者　一一名
以上合計　二一八名

高射砲隊司令部に長期勤続した唯一の兵科将校だった小宮さんは、すぐに戦友の遺族を訪ねることを希望していたが、敗戦後の混乱と生活苦で叶わなかった。その一方で、なぜ多くの戦友が命を落としながら自分は生還できたのか、「生」を与えられてきた意味を考え続けてきた。一九六六年に重い胃潰瘍を患い難手術で再び死線をさまよった後、記憶が明確なうちにビルマ戦の記録を書き残そうと思うようになっていったという。戦場でしたためていた膨大なメモや、帰国後残務整理のために復員局に提出した報告書類が、その助けになった。

六〇〇頁にも及んだ最初の膨大な戦記を、小宮さんは、紙だけでなく自らの音声でも残していた。淡々と読み進める声は、どこか狂気にも似た執念があり、ビルマ戦の断末魔をいまに突きつけるものだった。小宮さんは八八歳で亡くなるまで戦場の惨禍を書き続けた。

大東亜共栄圏建設をうたった日本にとって、一つの理想的なモデルケースとみなされていたであろうビルマ。小宮、旧姓若井徳次少尉が「絶望の戦場」で垣間見たのは、大東亜共栄圏という大義を掲げて遂行された日本の戦争の末路にほかならなかった。

「もう総ての感覚も感情も、血も涙もかれて、敵襲の恐怖も死の恐怖も失って両側の傷兵(どれが将校か見分けもつかぬまま)その顔すら一人一人見分ける心身の余裕もなく、無感覚、無感動に唯黙々として、屍臭の漂う生き地獄の状況を脳裏に焼き付けながら、一歩一歩と軍刀を引きづってゆく。

そして先程倒れていった兵の最後の一言、「飯を呉れ」その言葉のみが憑物でもした様に、執拗に私の脳裏に焼付いて追って来る。

（米、米、米、白い、柔らかな、米の飯）

――一時も早く、其処迄辿り着かねばならない――と思う反面、今こうして生き残ったとしても何時彼らと同じ運命に辿らぬとも限らない。何が起きるかも知れない、或は力尽きて最後の灯が消えてバッタリ倒れて、其の儘白骨街道に醜い屍をさらさないとも限らない。彼らの姿はいずれ次の己の姿である」（『還らざる戦友』）

終章　日本の戦争　過ぎ去らない過去

ミャンマーの過去と現在　ビルマ国軍元少尉の思い

二〇二二年六月下旬、私たちは三週間近くのミャンマー取材を終えようとしていた。その間、繰り返し向かった先は、ヤンゴンから車でマンダレー街道を北東に一六〇キロ(四時間)ほど走ったところにあるニャウンレビンという街から、さらに東に四〇分ほど走ったところ、シッタン河のほとりであった。そこは、シッタン作戦の南端にあたる。まさに若井少尉、松岡支店長、堤少佐や海軍部隊など敢威兵団の部隊が渡河を行い、多くの将兵が濁流に呑み込まれた場所である。

今回の取材で、雨季のさなかのシッタン河を撮影したいと考えていたが、あいにく雨の少ない年であると言われた。何度も撮影に向かったものの、小雨がぱらつく程度。雨季が本格化し、雨が強まるかと期待をしたが、まったく降らない。

宿泊場所をシッタン河からほど近いニャウンレビンに移し、雨が降ったらすぐに撮影に行けるようスタンバイしていた。さらに北上しメイティーラ、マンダレーの取材に移動する予定となっていた日の前日、日も暮れかけ、雨のシッタン河の撮影はいよいよもう駄目だと諦めていた。そんなとき、部屋で読んでいたのはミャンマーに持っていった堤少佐の回想録「転進」であった。

その記録をあらためて読んでいてはっとさせられた。

「もう四、五時間も泳ぎ続けたであろうか。あたりは薄すらと明るくなり、夥しい浮藻が、大きな群となつて流れてくるのが見え始めた。夜明けも近いのであろう。人間が流れてくる。浮藻と競争するように流れてくる。上流の渡河で失敗した陸軍兵の溺死体であろう」

シッタン河の現場では、この文章と同じイメージがいつも眼前に拡がっていた。シッタン河を渡った多くの将兵が見た光景、浮草のホテイアオイがどんどん流れてきている状況そのままだということに、遅まきながら気付いたのだ。

翌朝、私たちは、最後の悪あがきとして北へ向かう移動の前に、別ルートでシッタン河を目指すことにした。どうしてもホテイアオイを撮影したかったからだ。

ニャウンレビンの街から直接シッタン河に向かうルートではなく、兵士たちが実際に行軍したルートを選択した。まさに、堤少佐の部隊がシッタン河を目指した平原のただ中を車で移動したのである。舗装もされていない道だ。

「危ない、引き返そう」

同行のコーディネーターのチョーミエッウーさんが、突然ミャンマー語でドライバーに声をかけていた。同行する警察車両から、これ以上行くと、地雷などが設置されているおそれがあり、引き返すようにという指示が伝えられた。

引き返す途中、よく見ると、攻撃を受けて間もない建物のがれきもあった。そこでは、住民も犠牲となっていた。

シッタン河に近いニャウンレビン周辺地域は、ミャンマー国軍と一部ゲリラ化した市民との戦闘が今も続いている場所だった。堤少佐の部隊がマンダレー街道を渡り、シッタン河を目指して戦闘を繰り広げていた場所は、まさに今も緊張状態が続くエリアだったのだ。


結局撮影ができず、シッタン河を離れた私たちは、マンダレー方面に向かう。また、戻ってこられる保証はなかった。メイティーラ、マンダレーの取材を終えた晩、チーム全体でスケジュールの組み直しを議論した。残りの取材日程は五日しかなかった。撮りたい要素は山ほどあったが、シッタン河の撮影とバティンさんの追加のインタビューだけはなんとしても実現したいと考えていた。

翌日、マンダレーを出発し、日本軍が占拠した石油の産出地イエナンジョン(エナンジョン)を取材し、宿泊場所であるピィ(旧プローム)まで移動した。ピィは、アウンサンが蜂起を開始した場所の近くである。

二日目、ピィ市内やその周辺を取材し、再び、ニャウンレビンの街を経由してシッタン河に向かった。長距離の移動を伴うため、出発は朝六時半、シッタン河に到着したのは、日没直前だった。大河の水面は夕陽できらきらと輝き、薄紫色の花を咲かせたホテイアオイが、一つまた一つと流れ去ってゆく。その雄大な風景を眺めていると、七七年前にこの河で命を落とした日本兵の魂が流れているような感覚にとらわれた。山﨑カメラマンが撮影したこの時の映像は、番組のエンディングとなった。

シッタン河を流れるホテイアオイ

三日目、ニャウンレビンから、ヤンゴンに移動し、九六歳のバティンさんの自宅を再訪した。日本軍への反乱に加わったバティンさんは、アウンサンの死後、軍と距離をおき、地元で農業をしながら暮らしてきた。

どうしてもバティンさんに聞きたいことがあった。それは、現在のビルマ（ミャンマー）についてである。現地の人にとって、今の政治に関することを聞くことはリスクが大きい。だがためらいながらもやはり問うことにした。戦争や争いがもたらすものを教えてほしかったからだ。

「独立後、ミャンマーはよくなったかと聞かれると、私としてはそんなによくなってないと思います。幸せにはなっていないかもしれない。でもそれはあまり口にしたくない。私たちが戦ったのは国家の独立のためでした。でも今はただ権力を握るために戦っているのです」

バティンさんは、今も、朝と晩に経を唱えている。

「ミャンマーが平和になりますように。世界が平和になりますようにといつも祈っています。それぞれの家族が平和に暮らせる世の中になりますようにと祈っています。戦争が起きてみんなが困ったときもあったから、そういうことが二度と起こらないように私は毎日祈ってるんですよ」

インタビュー終了後、バティンさんの孫娘が、日本に留学すると聞いた。私たちは、度重なる取材のお礼を伝えて自宅をあとにした。道路から四階にあるバティンさんの家を見あげると、そこには、バティンさんが、われわれを見送ろうと、ベランダまで出て、孫娘と二人で手を振ってくれていた。遠くからでも、バティンさんの表情は、変わらず優しい笑顔と分かった。三度もの訪問を断らず、最後まで戦争の実相を伝えきろうとしてくれた九六歳のバティンさんに深々と頭を下げた。ベランダのバティンさんの姿は、私たちの心の中に今も残されている。

ある残留日本兵の遺言「トンボになって日本に帰りたい」

「行方不明兵士達の戦後　〜一兵卒たちが負うた〝戦争責任〟〜」

ビルマの戦没者名簿を見ると他の戦場とは違う特徴がある。「戦死者」「戦病死者」以外に「行方不明者」が数多くいる。第四九師団歩兵第一五三連隊には七四〇人の行方不明者が存在する(戦死者一二四三人)。戦死していた人も圧倒的多数いるはずだ、しかし、現地に残り戦友を慰霊するため僧侶になった者、村の再建を果たした者、その後の独立を見届けた者もいた。小説「ビルマの竪琴」の〝水島上等兵〟は実在した。(中略)一兵卒達が自らに課した〝戦争責任〟を取材する。

これは、私たちがこの番組を企画した際、「提案」の中に盛り込んだ文章の一部である。

敗戦直後の日本で大ベストセラーとなった竹山道雄の小説『ビルマの竪琴』は、市川崑監督が二度にわたり映画化を行うなど話題となった。旧制第一高等学校の教師として多くの教え子を学徒出陣で戦場に送り出した体験に基づき、書かれた作品だという。

竹山は、日本人の人類愛を歌い上げたが、ビルマの人々への思いは書かれていない。しかし、現地に残った日本人は、日本の戦争の被害と加害の面を感じながら生きていた。

私たちは七年前のインパール作戦の取材以降、ミャンマーにあえて残った日本兵を探し続けている中、ミャンマーからある報せがあった。ビルマに残った日本兵のことを知る人が見つかったというものだ。

向かった先は、ヤンゴン中心部から車で三〇分ほど走った閑静な住宅街。通りに面した門に吊された呼び鈴を鳴らすと、風鈴のように、その音が涼しげに耳に響く。出迎えてくれたミィンミィンルインさん(六一)と挨拶を交わす。目に優しさをたたえる一方、芯の強さを持つ女性だった。〝ミンガラバー〟――ミャンマー語で挨拶し、今回の貴重な面会に謝意を示した。

ミィンミィンルインさんの父親は、戦後、ビルマで僧となった残留日本兵だった。美容師の彼女の家は一階が美容院となっていた。二階に招かれると、そこには日本でいう仏壇があった。その遺影に目を向けると、僧侶姿の日本人の姿があった。

「北村さん、北村さん」とミィンミィンルインさんが説明してくれた。遺影は、ミィンミィンルインさんの父親、かつてビルマで戦った第二師団歩兵第一六連隊元上等兵・北村作之丞さんだった。

ミィンミィンルインさんは、毎日行っている供養を始めた。長い線香を束にして、輪を描くようにして仏壇全体にその香を行き渡らせる。

「お父さんが生まれ変わったら、日本に生まれ変われるように、という気持ちでお祈りをしました」

新潟県妙高市(旧新井《あらい》市)出身の北村作之丞さんは、一九一九年四月七日生まれ。養子として北村家に迎えられたという。

ミィンミィンルインさん

「お父さんは日本では男の子のいない家に養子として入ったんです。実の娘さん二人しかいない家で、本当の息子みたいにかわいがられていました」
北村さんは、一九四二年に出征し、ラバウル、ガダルカナル、フィリピンなどをめぐり、インパール作戦の敗北が決定的になった四四年末、ビルマ戦線に転戦した。
食料が乏しいビルマの戦場で、病に冒されたという。ミィンミィンルインさんは、父親が、戦友に救われたと話していたことを覚えていた。
「やっぱり食べ物がないから病気になったらしいです。病気になってすごく苦しんで、熱のせいで意識不明にもなったこともあります。〔父は〕「皆さん、私を置いて先に行ってください」って言ったんです。でも戦友は父を置いていかず、担いだりして一緒に連れていってくれました。最後はピンウールイン――今のメイミョーですね――の野戦病院に入院できたんです」

しかし終戦の際、兵士たちはばらばらとなってしまったという。

「上からは自決するか、もしくは自力で逃げ切るようにと命令されました。もう日本には戻れないと言われたそうです。自決した仲間もいたと聞いています。捕まって殺されるよりは逃げた方がいいということで、みんなばらばらに逃げたんです」

少しだけ回復した北村さんは一人で逃げていたが捕まり、ラングーンの北にあったパヤジー捕虜収容所に入れられる。そして一九四六年四月、同じく収容所にいた日本兵、星吉男さんとともに脱走することとなる。

「一緒に逃げようと誘ったのは星さん。どうすればいいんですかって言ったら〝俺が何とかやるからついてこい〟と。〔収容所の守衛を〕殴ったり、逃げ道を考えたりしたのは星さんで、お父さんはついていっただけだそうです」

収容所を逃げ出してジャングルの中を歩き回ったときに多くの白骨を見た北村さんは、それを拾い集め、木の下に埋めた。そしてメイティーラで僧侶となり、遺族に引き取られることのない日本人戦死者を埋葬するようになった。

一九五〇年に警察の目を逃れる意味もあってビルマ国軍に入り、一九七三年に退役した。この間、ビルマ人女性と結婚、名前もウトゥンセインに変えて一男四女をもうけた。四女のミィンミィンルインさんは、中学になるまで北村さんが日本人であることを知らされなかった。

「中学二年生のときに日本大使館から連絡があって、初めてお父さんが日本人だと知りました。それまでずっとミャンマーの少数民族のシャン族か、カレン族だと思っていました」

当時のビルマでは、日本人は太平洋戦争で残虐行為をした存在として教育されていたため、北村さんは自らの出自を伏せることで、家族を守っていたという。

北村作之丞さんの墓

一方で、北村さんは、逃げた負い目から日本に帰ることができないままミャンマー人として戦後を生きた。大東亜共栄圏の各地で消息を絶った旧軍兵士の数は今なお確定していない。

北村さんは二〇〇二年二月二三日に八二歳で死去、ヤンゴン日本人墓地に眠っている。死の直前まで祖国の土を踏みたいと願っていたが、叶わなかった。

ミィンミィンルイさんは、お墓の前で泣き崩れた。

「お父さん、お父さん。お父さんは日本人がいつか来てくれると信じていたよね。お父さんのためにわざわざ日本から慰霊に来てくれましたよ。お父さんは「俺が死んだら魂はトンボになって日本に帰るんだ」といつも言っていました。お父さんは日本に帰りたかったのです。生まれ変わってもまた日本で生まれてほしい」

ミィンミィンルインさんの泣き声は、日本人墓地に眠る多くの将兵たちの叫びのようでもあった。

番組放送を終えて

八月のNHKスペシャルの放送直後、取材班のもとに一通の手紙が届いた。送ってくれたのは、長崎市に住む濵脇《はまわき》忠博さん。日本にもさらなる証言者がいたのだ。

「私の父がインパール作戦に参加。現在一〇二歳ですが何とか健康でよくビルマの話をします。悲惨な戦況もよく覚えていて役立つ情報もあるかと思います。生きた証人としてお役に立てればと思います。いつまでも平和な日本であることを父も祈っています」という内容だった。

私たちは、九月に入り長崎に向かった。手紙を送ってくれた忠博さんは、その思いを玄関先で語ってくれた。

「やはり〔父は〕実際に戦地に行ってますのでね。もういろんな苦労してますんで。貴い命がやっぱり失われていくっちゅう。今もウクライナとロシアがやってますけどもやっぱり平和が一番じゃないですかね。人間が人間でなくなりますからね、父の話を聞いてたら。戦争になるとですねそんなふうに思いますね、それが戦争だと思いますね」

部屋にあがると父親の廣《ひろし》さんを紹介してくれた。廣さんは、居間に座って、われわれを待っていてくれた。一〇二歳には見えない矍鑠とした様子だった。廣さんは、インパール作戦とイラワジでの戦いに従軍していた。インパール作戦では、第一五軍牟田口廉也元司令官の指揮下第三一師団歩兵第一二四連隊に所属する伍長だった。廣さんは、牟田口司令官に対しての強い怒りを語った。

「悔しかことをね、米の配給もなかったし。米の代わりにね、ヤギと牛ば引っ張って行かすっちゅうのがさ。上の者が何を考えとったか。自分でね背嚢かついで行くとき一生懸命やのに牛ばヤギば引っ張って行かすと。そういうばかげたことをさ、今でも脳裏から離れんさ。僕ら一番の友達ば引っ張って行かされたのが、雨風に遭うて濡れて死んどった。

アメーバ赤痢で便は垂れ流し、薬は全然なかやろう、もうかわいそうなもんさ。骸骨、骸骨。ほとんどの兵隊がもう哀れなもんさ。兵隊はむちゃくちゃやけんが。それは本当に今でも思うよ」

濵脇廣さん

ビルマで濵脇さんが厳しい戦いを強いられていた時、故郷の長崎では多くの親族が原爆の被害を受けていた。戦争の怒りは、今も戦争を行う指導者にも向けられていた。

「ウクライナをね、戦争でロシアが攻めよりやるが。何であげんすっとかと。原爆落ちてね。何十万も死んで。広島、長崎も落とされて。みんながボンボンボンボン、家も何もかんも砲弾でやられてから。自分がそがいされてみい？　プーチン大統領がそげん自分のとこされてみたらどげん気持ちになるねん。

そげんこと分からんというのは馬鹿じゃないかと、そう思うよ」

番組の放送から半年以上が経った二〇二三年四月、ビルマ国軍の元少尉・バティンさんの孫娘のシオンレイさんから「今、東京にいます」と連絡を受けた。牛丼チェーンでアルバイトをしながら、日本語を学んでいるという。

早速、お店を訪ねると、流暢な日本語で接客や会計を手際よく行っていた。アルバイトを終えたところでお話をうかがうと、祖父のバティンさんはお元気だという。私たちが帰国した後も、「取材の日本人は今度、いつ来るのか」と家族に、度々聞いていたという。

シオンレイさんは、将来は、日本とミャンマーの関係を築くビジネスをしたいと聞かせてくれた。今の彼女の目に日本はどのように映っているだろうか、祖父のバティンさんから聞いていた日本と変わったと思えているのだろうか。

彼女はこれから日本語学校に行くと言って、市ケ谷駅の改札口をくぐっていった。別れ際、笑顔で手を振ってくれたことがただただ救いとなった。彼女の夢が叶うことを心から祈った。

参照文献一覧（著者の五十音順。公刊されたものに限った）

アレン、ルイス／長尾睦也訳『シッタン河脱出作戦』早川書房、一九七五年
アレン、ルイ／平久保正男ほか訳『ビルマ　遠い戦場――ビルマで戦った日本と英国　一九四一―四五年　上中下』原書房、一九九五年
――／笠井亮平監訳『日本軍が銃をおいた日――太平洋戦争の終焉』早川書房、二〇二二年
石射猪太郎『外交官の一生』中公文庫、二〇一五年
磯部卓男『イラワジ会戦――その体験と研究』磯部企画、一九八八年
後勝『ビルマ戦記――方面軍参謀　悲劇の回想　新装改訂版』光人社、二〇一〇年
河田槌太郎『イラワジ河河畔会戦』朝文社、一九九五年
川原由佳里「ビルマ派遣日本赤十字社救護看護婦の復員過程」『日本医史学雑誌』六六巻一号、二〇二〇年
児島襄『東京裁判　上下』中公文庫、二〇〇七年
小宮徳次『ビルマ戦　戦争と人間の記録』徳間書店、一九七八年
斎藤申二「ラングーン脱出行」『秘録大東亜戦史　第3』富士書苑、一九五四年
杉田一次『情報なき戦争指導――大本営情報参謀の回想』原書房、一九八七年
高木俊朗『インパール　新装版』文春文庫、二〇一八年
――『抗命　インパール2』文春文庫、二〇一九年
――『戦死』文春文庫、一九八四年
――『全滅・憤死　インパール3』文春文庫、二〇二〇年
武島良成『「大東亜共栄圏」の「独立」ビルマ――日緬の政治的攻防と住民の戦争被害』ミネルヴァ書房、二〇

二〇年
竹山道雄『ビルマの竪琴』新潮文庫、一九五九年
田中新一『大戦突入の真相』元々社、一九五五年
――「私の見た「帝国陸軍」風雪の二十年」『丸エキストラ』二六号、二〇〇一年
田村正太郎『ビルマ脱出記』図書出版社、一九八五年
堤新三『鬼哭啾啾――ビルマ派遣海軍深見部隊全滅の記』毎日新聞社、一九八一年
戸部良一ほか『失敗の本質――日本軍の組織論的研究』ダイヤモンド社、一九八四年
中野聡『東南アジア占領と日本人――帝国・日本の解体』岩波書店、二〇一二年
日綿ビルマ会『商社マンかく戦えり　日綿のビルマ回顧録』日綿ビルマ会、一九七二年
根本敬「ビルマ抗日闘争の史的考察」根本敬ほか著『東南アジアのナショナリズムにおける都市と農村』東京外国語大学アジア・アフリカ言語文化研究所、一九九一年
――『抵抗と協力のはざま――近代ビルマ史のなかのイギリスと日本』岩波書店、二〇一〇年
――『ビルマ独立への道――バモオ博士とアウンサン将軍』彩流社、二〇一二年
――『物語ビルマの歴史――王朝時代から現代まで』中公新書、二〇一四年
野村佳正『「大東亜共栄圏」の形成過程とその構造――陸軍の占領地軍政と軍事作戦の葛藤』錦正社、二〇一六年
花山信勝『平和の発見――巣鴨の生と死の記録　新装復刊版』方丈堂出版、二〇〇八年
ボ・ミンガウン／田辺寿夫訳『アウンサン将軍と三十人の志士――ビルマ独立義勇軍と日本』中公新書、一九九〇年
防衛庁防衛研修所戦史室『戦史叢書　ビルマ攻略作戦』朝雲新聞社、一九六七年
――『戦史叢書　インパール作戦――ビルマの防衛』朝雲新聞社、一九六八年

――『戦史叢書　イラワジ会戦――ビルマ防衛の破綻』朝雲新聞社、一九六九年
――『戦史叢書　シッタン・明号作戦――ビルマ戦線の崩壊と泰・仏印の防衛』朝雲新聞社、一九六九年
保阪正康『昭和陸軍の研究　上下』朝日新聞出版、二〇一八年
松村弘『インパール作戦の回顧』六〇会、一九六九年
Blue Print for Burma in Josef Silverstein, ed., *The Political Legacy of Aung San*, Cornell University Press, 1993
Slim, William, *DEFEAT INTO VICTORY*, Cassell, 1956（ウィリアム・スリム『敗北から勝利へ』）

あとがき

二〇二二年八月一五日夜一〇時。私たちはそれぞれが緊張した思いを胸に、テレビの前にいた。七七回目の「終戦の日」は、この書籍のきっかけとなったNHKスペシャル「ビルマ 絶望の戦場」の放送日であった。玉音放送が行われた八月一五日は、「戦没者を追悼し平和を祈念する日」とされ、広く「終戦の日」といわれている。各局は、この日に実施される全国戦没者追悼式の模様や戦争に関する企画をニュースの中では伝えていたものの、太平洋戦争に関する特番を地上波で放送した放送局はNHK以外にはなかった。

いま、どれほどの人たちが八月一五日という日を意識しているのか。私たちが抱いていた一抹の不安は、番組の放送が始まると杞憂に過ぎないことがわかった。SNS上には「ビルマ 絶望の戦場」に関する書き込みが時間を追うごとに増え、私たちが参照していた大手サイトのトレンドランキングでは、一時、一位に躍り出たほどであった。

番組の放送後、ある新聞社から取材依頼をいただいた。テーマは、「カレンダージャーナリズム」。「太平洋戦争が終わった八月」や「東日本大震災の三月」に代表されるように、事件や事故、戦争や災害など、過去に起きた大きな出来事の日付にあわせて報道が増えることを揶揄する意味合いも含めて使われる言葉である。NHKでは毎年、太平洋戦争に関する特番を数多く制作しているが、ことしは、NHKスペシャルだけでも四本を放送し、終戦の日に放送されたのが「ビルマ　絶望の戦場」であった。

「繰り返し報じることの意味をどう考えるか」。それが、記者の方から私たちに投げかけられた問いであった。そのとき、頭に浮かんだのは、この番組を制作する上で指針にしてきた「ある言葉」であった。

様々な分野の専門家が存在するNHKでは、ディレクターの中にも歴史番組を制作する専門家集団がいる。しかし、「戦慄の記録　インパール」と「ビルマ　絶望の戦場」を担当したのは、ニュースやクローズアップ現代などの報道番組を制作しているメンバーである。今回の番組の制作に当たっては、二〇一七年のNHKスペシャル「戦慄の記録　インパール」でプロデューサーを務め、現在はNHKスペシャルの統括の職にある三村忠史から、あることを伝えられた。それは、三村もまた先輩から伝えられたという次の言葉だった。「報道番組が作る戦争Nスペには役割がある。それは、戦争の時代がいまと連続性があるかどうかを確認することだ」。太平洋戦争で起きたことを「過去の歴史」として提示するのではなく、歴史的事実の中から現代にも通じる普遍的なテーマを見つけ出す。それこそが、報道番組のディレクターがやるべき仕事だというメッセージであった。

八月一五日、番組の放送後にSNS上で数多く言及された言葉があった。それは、イギリス軍の指導者が、日本軍の上層部を評した〝道徳的勇気の欠如〟というキーワードだ。

「日本軍の指導者の根本的な欠陥は、〝肉体的勇気〟とは異なる〝道徳的勇気の欠如〟である。彼らは自分たちが間違いを犯したこと、計画が失敗し、練り直しが必要であることを認める勇気がないのだ」

この三年、世界中に広がった新型コロナウイルスによって、私たちは未曽有の危機の時代を生きることを迫られてきた。視聴者の多くが、そのさなかに目にしたり、実感したりしたこととイギリス人将校の言葉を重ねあわせていたのだ。「繰り返し報じることへの意味」という問いについて、改めて考えたのは、日本人だけで三一〇万人が命を落とすという最悪の結果を招いた太平洋戦争の時代と、現代との間に連続性がある限り、つまりあの時代を乗り越えていない限り、繰り返し報じる意味があるのではないかということであった。

さらに、今回、私たちは、継続して取材を続ける中で、テーマに新たな意味や意義が立ちあがることがあるということも教えられた。気づくきっかけとなったのは、番組の制作の過程で起きたミャンマーでの軍事クーデター、そして、ロシアによるウクライナ侵攻である。ビルマで壮絶な体験をされた方々の中には、自らの体験を家族にさえ話していない人が少なくなかった。それにもかかわらず、今回、カメラの前で証言を残すという決意を後押ししたのは、世界史にも刻まれるこの二つの大きな出来事であった。ある証言者は、「戦場がいかに悲惨であるか、人生の最後に伝え残さなくてはならないと思った」とディレクターに語った。

上官に「スパイだから殺せ」と命じられ、ビルマの民間人を殺めた元兵士の絞り出すような証言。八〇年経ったいまでも「戦場のことを思い出されて……」と声を失った元衛生兵が流した涙。そして、〝地獄〟とも形容された壮絶な戦場に身を置きながらも、自筆で記録を続けた元少尉の執念……今回、記録させていただいたこうした事実や体験は、ミャンマーでのクーデターや、ロシアのウクライナ侵攻という大きな出来事の中で、歴史を越えた新しいメッセージを帯びることになることを痛感したのである。

最後に、今回の番組は、三〇代〜六〇代までの幅広い世代の制作者が集って作られた。この場は、報道という立場で戦争とどう向き合っていくか、その姿を若手が先達から学ぶ極めて貴重な機会であった。制作統括の一人で最年長の新山賢治は、NHKスペシャルの事務局や広島局の報道番組の統括などを歴任した大先輩であるが、伯父をインパール作戦で亡くし、長きにわたりその実相に迫ろうと取材を続けてきた。「戦慄の記録 インパール」でも制作統括を務めた三村忠史は、その後、毎年のように夏の戦争に関するNHKスペシャルを手がけてきた。私は去年、その三村のもとでディレクターとして蔣介石の日記から太平洋戦争開戦までの道のりをひもといたNHKスペシャルを制作し、今回は、制作統括のひとりとしてこの番組に参加する機会をもらった。現場の取材班の最年長、笠井清史は、二〇一七年の「戦慄の記録 インパール」を担当した際、「インパール作戦の後に多くの人が亡くなっている事実」に気づき、それを解き明かそうと元将兵たちの取材を継続。番組の鍵となる数々の証言を記録し、三週間にわたるミャンマーロケも敢行した。各地で証言を集めるその執念の取材は、後輩たちへの大きな刺激となった。木下義浩は、名古屋局時代にルソン島の戦いをめぐるNHKスペシャルを制作。今回は膨大な戦没者名簿の分析や番組全体の設計を担い、自ら若井徳次少尉の記録も発掘した。そして、制作陣で最年少の依田真由美は、今回戦争関連のＮＨＫスペシャルに初めて関わり、イギリスに残されていた記録や当事者たちの証言を取材。戦後、ビルマ戦のことを書き残したルイ・アレン氏のご子息の取材も担当した。こうした場が綿々と続いてきたのも、毎年、八月に戦争について繰り返し伝えてきたからに他ならない。

太平洋戦争の時代と、現代に連続性はあるのか。そこに発見がある限り、戦争について伝え続けることが私たちに課せられた使命だと改めて感じている。

二〇二三年四月

ＮＨＫスペシャル取材班を代表して　阿部宗平

NHK スペシャル「ビルマ　絶望の戦場」

（2022 年 8 月 15 日放送）

資料提供：Imperial War Museums　The National Archives UK
AP　Durham University Palace Green Library
Archive/British Movietone/セレブロ　British Pathé　米国立公文書館
防衛省防衛研究所　国立国会図書館　鳥取市歴史博物館　高野山成福院
岡山平和祈念館　兵庫縣姫路護國神社　森川万智子　後正武　山口建史
西村綏彦　櫻井康行　湯浅敬裕　末廣史子　枡田憲典　齋藤恵美子　辻本俊文
土屋洋　富田美和子　勝浦ふみ　藤原信子　井手千代子　大久保操　麻田ヒデミ
山中滋也　今井健介　松永幸也　宮下樹芳　友納優子　片山毅　大田紀久子
叢文社　文殊社近現代フォトライブラリー　アフロ　ゲッティ　共同通信社

取材協力：根本敬　波多野澄雄　吉田裕　藤井毅　川原由佳里　遠藤美幸
白石博司　関根良平　足立享祐　片山しづよ　浜本一孝　藤原淑子　西原賢次
畠山正則　樋口一光　吉田惠子　双日　日本赤十字社　萃香園

語り：髙橋美鈴

朗読：文学座

撮影：山﨑章由
照明：益田雅也
音声：白石尊徳
映像技術：寺崎智人
戦没者データ解析：紅林隼
CG 製作：番井みさ子
編集：樋口俊明
音響効果：佐々木隆夫
コーディネーター：チョーミエッウー　臼井幹代
リサーチャー：西垣充　マクドナルド昭子
取材：田中教仁　亀井昌子
ディレクター：木下義浩　笠井清史　依田真由美
プロデューサー：新山賢治
制作統括：阿部宗平　三村忠史

ビルマ　絶望の戦場

2023年7月28日　第1刷発行

著　者　NHKスペシャル取材班

発行者　坂本政謙

発行所　株式会社　岩波書店
〒101-8002 東京都千代田区一ツ橋2-5-5
電話案内 03-5210-4000
https://www.iwanami.co.jp/

印刷・精興社　製本・牧製本

ISBN 978-4-00-024552-4　　Printed in Japan

戦慄の記録 インパール
NHKスペシャル取材班
岩波現代文庫 定価一三三一円

硫黄島に眠る戦没者
—見捨てられた兵士たちの戦後史—
栗原俊雄
四六判二二八頁 定価二四二〇円

戦争の文化
—パールハーバー・ヒロシマ・9・11・イラク—
ジョン・W・ダワー
三浦陽一監訳
四六判平均三八八頁 定価各三〇八〇円

昭和天皇の戦争
—「昭和天皇実録」に残されたこと・消されたこと—
山田朗
四六判三二四頁 定価二六四〇円

草の根のファシズム
—日本民衆の戦争体験—
吉見義明
岩波現代文庫 定価一六二八円